มวย
ไทย

Thai-Boxen

... der Vollkontakt-Kampfsport aus Asien

von

Zoran Rebac

übersetzt von

Dunja Drljaca

mit 215 Abbildungen

7. Auflage
1998

VERLAG WEINMANN — BERLIN

Die Deutsche Bibliothek - CIP-Einheitsaufnahme

Rebac, Zoran:
Thai-Boxen ... der Vollkontakt-Kampfsport aus Asien / von Zoran Rebac. Übers. von Dunja Drljaca. -
7. Aufl. - Berlin : Weinmann, 1998
Einheitssacht.: Tajlandski boks - ful kontakt azije <dt.>
ISBN 3-87892-051-2

Yugos. Erstausgabe: Tajlandski Boks

Satz und Druck: Hildebrand

Inhaltsverzeichnis

ค่ายมวย
เมืองสุรินทร์
เกียรติวายุภักษ์, สิงห์ศรทอง, เมืองสุพรรณ

Nachdem ich über 15 Jahre lang östliche Kampfkünste betrieben hatte, habe ich beschlossen, meine Kenntnisse durch einen Trainingsaufenthalt in deren Heimat — Asien — zu erweitern. Da ich mich in den letzten Jahren hauptsächlich mit dem Thai-Boxen befaßt hatte, fuhr ich nach Thailand, wo ich Muai-Thai, wie die Thailänder ihren nationalen Kampfsport nennen (in der Welt als thailändisches oder siamesisches Boxen bekannt), trainiert habe.

In der Muang-Surin-Schule des Thai-Boxens wurde ich sehr freundlich empfangen. Dort hat sich auch die Idee für dieses Buch entwickelt, und ein Teil der Photos wurde dort aufgenommen. Das restliche Photomaterial wurde nach meiner Rückkehr nach Europa fertiggestellt.

Da bisher in Europa über diese interessante Kampfkunst nur wenig veröffentlicht wurde und da nach meiner Kenntniss viele Anhänger östlicher Kampfsportarten daran interessiert sind, etwas mehr vom Thai-Boxen zu erfahren, bin ich zu dem Entschluß gekommen, dieses Buch zu schreiben.

Die Muang-Surin-Boxschule hat ihren Namen nach einer Provinz im Osten des Landes bekommen, wo sie auch ihren Ursprung hatte. Sie zählt zu den zehn bekanntesten Boxschulen in Thailand und hat zur Zeit unter ihren Mitgliedern zwei Nationalmeister sowie einige weitere Boxer, die sich auf der Nationalen Rangliste unter den zehn Besten befinden.

In diesem Buch werden die Techniken meist so vorgeführt, wie sie in der erwähnten Schule ausgeübt werden. Da jedoch die Unterschiede zwischen den Schulen in Thailand und dem „Kick-Boxing", das in Japan, den USA und Europa betrieben wird, nicht so groß sind, wird der Leser in der Lage sein, einen klaren Einblick in die Grundtechniken und die Trainingsmethoden des Vollkontakt-Kampfes (die überall sehr ähnlich sind) zu bekommen.

„Kickboxing" bedeutet in sinngemäßer Übersetzung aus dem Englischen: „Boxen mit Fäusten und Füßen".

Auch jenen Lesern, die nach den Anweisungen in diesem Buch selbst trainieren wollen, wird es möglich sein, dem Training in irgendeiner Muai-Thai- oder Kickboxing-Schule zu folgen, wenn Sie den Übungsstoff beherrschen.

Meinem ersten Trainer, Dentroni Sensak Muangsurin, meinem zweiten Trainer, Chu Muangsurin, ferner dem Promoter San Non, sowie allen Boxkämpfern aus der Muang-Surin-Boxschule möchte ich auf diesem Wege für ihre Gastfreundschaft und die mir erwiesene Aufmerksamkeit während meines Aufenthaltes in Thailand danken. Gleichfalls möchte ich meinen Freunden, Marijan Osman für die technische Ausstattung des Buches, Davor Denović für die Anfertigung des Photomaterials sowie Thaum Atachod, Sawong Bundam und Ẑeljko Gvozdić für ihre Hilfe bei der Vorführung verschiedener Techniken meinen Dank aussprechen — ohne ihre Mitwirkung wäre dieses Buch nicht realisiert worden.

Abb. 2:
Das Wandgemälde (Szenen aus dem Hofleben — aus dem Palast des Prinzen Rangsit, 17. Jahrhundert) stellt den Kampf zwischen zwei Boxern unter Orchesterbegleitung dar.

Die Geschichte des Thailändischen Boxkampfes

Muai-Thai oder thailändisches Boxen ist eine über 1000 Jahre alte Kampfkunst, die beim Kampf Fuß-, Hand- und Armtechniken anwendet. In alten Schriften werden als die 8 Grundwaffen des thailändischen Boxkampfes Fäuste, Ellbogen, Knie und Füße angegeben.
Ähnliche, aber weniger bekannte Kampfkünste werden auch in anderen asiatischen Ländern, wie Burma, Laos und Kambodscha gepflegt. Die Geschichte des thailändischen Boxkampfes ist mit der Völkerwanderung des Stammes Thai (in Übersetzung „Die Freien") im 12. und 13. Jahrhundert unserer Zeitrechnung aus den Provinzen Jiangxi, Sichuan und Hubei in Südchina in das heutige Staatsgebiet Thailands verflochten. Im 13. Jahrhundert ist die Völkerwanderung durch die Bedrängung der vom Norden kommenden mongolischen Horden besonders intensiv gewesen. Einige Quellen nehmen deshalb an, daß der Ursprung des thailändischen Boxkampfes im chinesischen Boxen (Kung Fu) wurzelt, aber später wesentliche Änderungen erfahren hat. Es gibt auch Meinungen, daß das thailändische Boxen im Laufe der fortwährenden Kämpfe der Thailänder mit den benachbarten Burmesen, Khmerern und Vietnamesen entstanden ist, was als wahrscheinliche Vermutung anzunehmen ist, da in diesen bewegten Zeiträumen der thailändischen Geschichte das Bedürfnis nach einer Kriegskunst sehr ausgeprägt gewesen sein dürfte.
Eine alte thailändische Legende nennt einen Kämpfer mit Namen Nhai-Khon-Don, der von den Burmesen gefangengenommen wurde, aber unbewaffnet seine Freiheit durch den Sieg über 12 burmesische Schwertkämpfer errungen hat. Zu seiner Ehre werden heutzutage jedes Jahr Turniere im Thai-Boxen abgehalten.
Nach einer anderen Legende aus dem 14. Jahrhundert sollte das Ergebnis eines Wettkampfes zwischen zwei Boxern darüber entscheiden, von wem der Thron Thailands bestiegen wird. Nach dem Tod des alten Königs Sen Muang Ma, konnten sich seine Söhne, Feng Keng und Yi Kumkam, über die Einnahme des väterlichen Platzes nicht einig werden. Der Zwiespalt drohte einen Bürgerkrieg hervorzurufen, so daß die Gefolgsleute beider Lager den Entschluß faßten, den in einem Wettkampf siegenden Boxkämpfer zum künftigen König zu wählen. Es hat der Boxkämpfer aus dem Lager Yi Kumkam gesiegt und er wurde zum König gekrönt.
Das älteste geschichtliche Dokument, das Muai-Thai erwähnt, stammt aus dem Jahre 1560 und schildert einen Kampf zwischen dem thailändischen Prinzen Naresuon und dem burmesischen Thronfolger. Der Wettkampf hat einige Stunden gedauert und mit dem Tod des burmesischen Thronfolgers geendet,

so daß die Burmesen, nachdem sie ihren Führer verloren hatten, auf den Angriff gegen Thailand verzichteten.
Seine Blüte erreichte Muai-Thai unter der Herrschaft des Königs Pra-Chao-Sua (Anfang des 18. Jahrhunderts), der selbst ein Meister in dieser Kampfkunst gewesen ist. Es wird erzählt, daß der König, der „der Tiger" genannt wurde, die Gewohnheit gehabt hat, den Palast heimlich zu verlassen um auf den Lokalturnieren maskiert aufzutreten, wobei seine Gegner in der Regel von ihm besiegt wurden.
Das thailändische Boxen wurde zu jener Zeit in allen Schulen als vormilitärische Ausbildung unterrichtet. Damals hat es Gewichtsklassen oder Runden nicht gegeben. Die Wettkämpfe waren sehr hart. Die Boxkämpfer traten barfüssig auf, über den Händen trugen sie Hanf- oder Baumwollbandagen, und ihr Tiefschutz war aus Kokosnußschalen gefertigt.
Erlaubt waren alle Arten der Hand-, Arm- und Fußtechniken mit nur wenigen Beschränkungen. Das Training bestand unter anderem aus Schlägen auf Palmenstämme zwecks Stärkung der Fäuste und Füße, aus Langstreckenläufen, Training im Wasser usw.. Die Grundernährung der Kämpfer ist hauptsächlich vegetarisch gewesen. Einige Techniken aus diesem Zeitraum sind bis heute unverändert geblieben.
Nach dem zweiten Weltkrieg hat das thailändische Boxen jedoch große Änderungen erfahren. Vor allem Änderungen der Kampfregeln haben diese alte Kampfkunst in einen attraktiven Kampfsport umgewandelt, so daß er heutzutage von vielen Leuten zu Selbstverteidigungs- oder rein sportlichen Zwecken betrieben wird.

Abb. 3
— Beginn des traditionellen Rituals (Vai Kru)

Die Thailänder sind sehr stolz auf ihren Traditionssport. Seine Popularität kann mit der des Fußballs in Europa oder des Rugbys in Amerika verglichen werden. Fast jeder männliche Einwohner kennt wenigstens die Grundregeln dieses Sportes.
Im Unterschied zu klassischem Karate oder Kung Fu werden beim Thai-Boxen die Schläge in einem Wettkampf **mit voller Kraft ohne Abstoppen versetzt**. Die Kämpfer treten heute wie damals barfuß auf, tragen aber Boxhandschuhe. Außer den Faustschlägen sind auch Ellbogen- und Kniestöße sowie Fußtritte erlaubt, wobei der Gegner auch zu Boden geworfen werden darf. Vorführungsformen oder sogenannte Kata gibt es beim Thai-Boxen nicht. **Exaktes Treffen, flüssige Bewegungen und Reflexe werden durch ständiges Sparring sowie durch Schlagtraining gegen einen Sandsack oder ein Schlagpolster entwickelt.** Während des Sparringes wird eine Schutzausrüstung getragen, damit unnötige Verletzungen vermieden werden. Bei solchen Trainingsmethoden ist es nicht schwer zu erraten, warum thailändische Boxer in Wettkämpfen mit Gegnern, die andere Kampfkünste betreiben, **fast immer den Sieg davongetragen haben.**
Das, was dem Thai-Boxen ein besonderes Kennzeichen und einen eigenen Reiz gibt, ist die Musik, die während des ganzen Wettkampfes läuft sowie das traditionelle Ritual, das von den Boxkämpfern vor dem Beginn des Kampfes ausgeführt wird. Ein Orchester, bestehend aus Trommeln, Zimbalen und Jawa-Flöten, begleitet rhythmisch das Kampftempo. Es ist selbstverständlich, daß jeder Musiker ein guter Kenner des thailändischen Boxens sein muß.
Das Ritual vor dem Kampfbeginn (Vai Kru) wird nach alter Sitte so vorgeführt, daß der Boxer mit einer graziösen Verbeugung, die Hände über dem Kopf haltend, zunächst das Publikum begrüßt. Danach wird den Trainern auf eine ähnliche Weise Achtung erwiesen. Anschließend folgt eine Serie von verlangsamten Bewegungen, die einem Tanz ähneln, eigentlich aber Bewegungen aus dem thailändischen Boxen symbolisieren. Vai Kru bedeutet in grober Übersetzung aus der thailändischen Sprache „die Angst aus dem Herzen verjagen", und das Hauptziel seiner Vorführung ist die Konzentration des Boxers auf den bevorstehenden Kampf. Das ganze Ritual kann einige Minuten andauern, und ein guter Kenner des thailändischen Boxens kann nach den Bewegungen erkennen, welcher Schule der Boxer angehört.
Nachdem jeder Kämpfer sein Ritual beendet hat, gehen sie in entgegengesetzte Ringecken, wo ihnen die letzten Anweisungen ihrer Trainer und Sekundanten erteilt werden. Dann wartet man auf den Gongschlag.

Unmittelbar vor Kampfbeginn nehmen die Boxer ein Stirnband (Mong-kon) von ihren Köpfen ab, das während des Rituals getragen wird und einen Teil der traditionellen Volkstracht bildet. Der Spitzname, der dem Boxer nach seinen ersten Kämpfen von seinem Trainer gegeben wird, ist auch ein Zeichen der Tradition, wobei die Eigenart des Kämpfers, wie z.B. Kampfbereitschaft und Temperament berücksichtigt werden.
Als Namen nimmt der Boxer den Namen der Schule, in der er trainiert, an. So trat z.B. der jetzige Trainer der Muang-Surin-Schule und der ehemalige Cham-

pion Thailands unter dem Namen Dentroni Sensak Muangsurin auf, was in grober Übersetzung „Dentroni, Sieger in 10000 Kämpfen, aus der Muang-Surin-Schule" heißt. Natürlich haben die Spitznamen hier wie überall im Osten eine übertragene Bedeutung. Oft kommen Spitznamen, wie grüner Drache, Kobra, schwarzer Panther usw. vor, wodurch einige der Eigenschaften des erwähnten Tieres, wie Tapferkeit, Schnelligkeit oder Geschicklichkeit dem jeweiligen Boxer zugesprochen werden.

Ein Wettkampf dauert 5 Runden á drei Minuten mit Unterbrechungen von je zwei Minuten. Über einen Wettkampf richten ein Hauptkampfrichter und zwei Seitenrichter. Am Ende jeder Runde werden Punkte zusammengezählt und aufgrund der endgültigen Gesamtzahl wird der Sieger bestimmt. Sollte es zum K.o. kommen, was sich nicht selten ereignet, wird bis 10 gezählt, und drei angezählte K.o. in einer Runde unterbrechen automatisch einen Wettkampf. In Bangkok werden Wettkämpfe täglich in einem der zwei Hauptstadien, auf Rachadamneon oder Lumpini, abgehalten. Das Fernsehen überträgt die Wettkämpfe sogar **dreimal in der Woche direkt**, was von der großen Popularität des Thai-Boxens zeugt.

Die Vorstellungen sind gewöhnlich gut besucht. Insbesondere wenn Spitzenboxer auftreten, sind die Stadien zu klein, um alle Interessierten aufzunehmen, so daß viele vor dem Stadioneingang bleiben und auf eine übriggebliebene Eintrittskarte hoffen.

Abb. 4
Ein Boxer aus der Luxilipat-Schule führt das Vai-Kru aus. Um den Kopf hat er ein „Mong-kon".

Das Thai-Boxen und andere Kampfsportarten

In Asien gibt es eine große Anzahl von Kampfkünsten und Kampfsportarten. Fast jedes Volk hat einige eigene Kampfsysteme mit und ohne Waffen entwickelt. In diesem Zusammenhang wäre es angebracht zu fragen, an welcher Stelle das Thailändische Boxen unter der großen Anzahl asiatischer Kampfsportarten steht? Die Tatsachen reihen das Thai-Boxen in Bezug auf seine Wirksamkeit in die Spitze ein. Erinnern wir uns an den bemerkenswerten Wettkampf zwischen Kung Fu-Meistern aus Hongkong und dem Team der thailändischen Boxer, der am 21.1.1974 in Bangkok stattfand. Fünfzehntausend Besucher konnten in dem Hua Mark-Stadion leider nur sechseinhalb Minuten die fünf Begegnungen beobachten. **Alle fünf Kämpfer aus Hongkong wurden im Laufe der ersten Runde durch K.o. besiegt.** Auf gleiche Weise sind einige Monate später eine Mannschaft des Chang Tung-Stils aus Singapur sowie etliche Karatekas aus Japan und den Philippinen geschlagen worden. Die Mannschaft aus Singapur hatte unter ihre Mitglieder einen Kämpfer, der „Schwarzer Mörder" genannt wurde, eingereiht. Von diesem Boxer sind Gerüchte im Umlauf, daß er bei einem inoffiziellen Turnier seinen Gegner mit einem Faustschlag getötet hätte, was ihm jedoch nicht half, den K.o. in der ersten Runde zu vermeiden.

In Manila traf der philippinische Karate-Meister Candido Pikke auf den thailändischen Studenten Nirund Bunianett. Der Wettkampf wurde vom Fernsehen übertragen.

Nachdem der philippinische Karate-Meister in der ersten Runde zweimal zu Boden gebracht und in der zweiten Runde von einem Fußtritt am Kopf getroffen wurde, ist er nicht mehr in der Lage gewesen, den Wettkampf fortzusetzen.

Ähnliche Begegnungen spielten sich auch schon viel früher ab. Es bestehen Angaben über eine Begegnung, die sich im Jahre 1921 zwischen dem chinesischen Meister Tze Shang aus der Provinz Guangdong, dem der Ruf von einer hohen Chi-Energie („chi" auf chinesisch — die Innenenergie — siehe dazu das Kapitel „Die Trainingsmethoden") vorausgegangen war, und dem thailändischen Boxer Yan Hantaley ereignet hat. Der chinesische Meister mußte einige Monate gepflegt werden, um sich von den Folgen des Wettkampfes zu erholen. Im Jahre 1959 hat die Tai Kek-Mannschaft aus Formosa den Wettkampf gegen die Thailänder durch K.o. in der ersten Runde verloren.

Worin liegt das Geheimnis dieser Erfolge? In der Überlegenheit der Techniken jedenfalls nicht. Die Antwort ist in den realistischen Trainingsmethoden, der allen Nichtkontaktsportarten fehlt, zu suchen. Die thailändischen Boxer erhalten und teilen (in Sparring und Wettkampf) eine Unzahl von Schlägen aus. Kenntnisse und Fähigkeiten werden hier im Ring bewiesen. **Offensichtlich**

kann die auf solche Weise erworbene Kampferfahrung durch keine anderen Methoden ersetzt werden. Viele Leser werden sich auch die Frage stellen, in welchem Maße das thailändische Boxen als Verteidigungskunst geeignet ist? Als Erläuterung möge eine Episode, die in fast allen Zeitungen Bangkoks veröffentlicht wurde, dienen:
Bei seiner Heimkehr geriet ein Junge an eine Plünderergruppe, die schon längere Zeit in einem der Vororte Bangkoks „operiert" hatte. Obwohl waffenlos,

Abb. 5
Die Titelseite einer in Thailand sehr populären Muai-Thai-Zeitschrift.

gegen mehrere für solche Art von „Nachtbegegnung" gut ausgerüstete Angreifer, ist der Junge mit folgendem Ergebnis davongekommen: Zwei Angreifer wurden mit gebrochenen Rippen und einer mit einem Kieferbruch ins Krankenhaus gebracht. Der Rest der Gruppe ist auseinandergelaufen, wurde aber kurz danach von der Polizei festgenommen. Der tapfere Junge, ein Muai-Thai-Boxer, ist mit nur einigen Kratzwunden und einem zerrissenen Hemd davongekommen. Diese Geschichte sollte man natürlich nicht überbewerten — nicht jeder, der das thailändische Boxen betreibt, ist ein „Supermann".
Mit der Entschlossenheit aber, sich dem Gegner bis zum Letzten zu widersetzen sowie mit Konzentration und anderen Qualitäten, die einen Kämpfer auszeichnen, kann man mit etwas Glück sehr viel erreichen.
Heutzutage jedoch, wandelt sich das Thai-Boxen immer mehr zu einem Kampfsport.

Abb. 6
Dentroni Sensak Muangsurin (rechts), einer der bekanntesten Trainer in Bangkok.

Die Grundtechniken

Die Terminologie der Grundtechniken entstammt der thailändischen Sprache. Dabei möchte ich darauf hinweisen, daß diese beim thailändischen Boxen im Unterschied zu einigen ähnlichen Sportarten nicht besonders durchgearbeitet ist. Die Thailänder verwenden meist anstatt voller Bezeichnungen Kurzformen, die einzelne Schläge oder Abwehrtechniken bezeichnen, obwohl manchmal als Bezeichnungen von Techniken auch beschreibende Ausdrücke, die kennzeichnend für alle Völker Asiens sind, eingesetzt werden. So werden z. B. alle Arten der Drehfußtritte „Krokodilschwanzschläge" genannt. Aus mehreren Gründen wird aber der Vorzug kürzeren Ausdrücken gegeben.
Die thailändische Sprache ist zu kompliziert, daß der Leser aus dem bloßen Auswendiglernen der Benennungen Nutzen ziehen könnte, und andererseits ist unsere Sprache genügend ausdrucksfähig, um jede Bewegung bzw. jeden Schlag beschreiben zu können. Außerdem bin ich der Ansicht, daß der Leser leichter den Buchinhalt erfaßt, wenn da z. B. steht: „Schlage mit der Hand und zweimal mit dem Knie zu" als „Tschook, Son-Kao", wie es auf thailändisch heißen würde.
Bevor wir zum Erlernen der Grundtechniken übergehen, ist es wichtig, eine bestimmte Reihenfolge bei der Ausführung und Übung von Techniken zu befolgen. Bei jeder Abwehr oder jedem Schlag soll zunächst die technische Seite, also die richtige Ausführung der Bewegungen beherrscht und **danach** erst Kraft und Geschwindigkeit eingesetzt werden. Das soll heißen, daß am Anfang alle Techniken ungezwungen und langsam ausgeführt und dann, nach einer gewissen Zeit, allmählich die Kraft und Geschwindigkeit gesteigert werden.
Um den höchsten Wirkungsgrad eines Schlages zu erreichen, ist es notwendig, die Muskelanspannung und -entspannung auf die Ein- bzw. Ausatmung abzustimmen. Auch darf nicht außer acht gelassen werden, daß fast alle Arten der Fußtritte und Handschläge **mit einer Körper- und Hüftdrehung verbunden sind.** Auf diese Weise wird nicht nur die Hand- oder Fußkraft benutzt, sondern die Masse des ganzen Körpers in den Schlag hineingelegt. Ohne Anwendung dieser Prinzipien sind maximale Kraft und Geschwindigkeit nicht erreichbar.

Kampfstellung und Bewegung

Beim Thai-Boxen gibt es, im Unterschied zu ähnlichen Kampfsportarten, nur **eine** Stellung. Diese wird im Kampf angewendet, und aus ihr können alle Techniken ausgeführt werden. Das Gewicht soll gleichmäßig auf beide Füße verteilt werden. Die Stellungsbreite entspricht ungefähr der Schulterbreite, und die Länge beläuft sich auf etwa einen halben Meter, was von der Größe des

Kämpfers abhängt. Der Körper wird aufrecht gehalten und ist etwas seitwärts gedreht, während die Hände zum Kopf gehoben werden. Die Ellbogen sind möglichst nah am Körper und der Kopf wird ein wenig gebeugt gehalten (Abb. 7 — die Stellung mit dem rechten Fuß vorne). In dieser Stellung wird der Kopf und der größte Teil des Körpers weitgehend gedeckt. Der Boxer sollte fortlaufend in Bewegung sein, da das bewegliche Ziel schwerer zu treffen ist, als das unbewegliche. Man soll sich auf Zehenspitzen bewegen und dabei immer entweder zum Ausweichen oder zum Austeilen von Schlägen bereit sein. Im Laufe eines Kampfes ist es nicht empfehlenswert, die Beine zu kreuzen, weil wir in diesem Augenblick unbeweglich und nicht standfest sind. Der Boxer muß selbst die Stellung auswählen, aus der er kämpfen will. Falls er Rechtshänder ist, so sollte er die Stellung mit dem linken Bein vorne anwenden, während Linkshänder aus der Stellung mit dem rechten Bein vorne (Kontrastellung) kämpfen sollten. Die Arme dürfen auf keinen Fall gesenkt werden, da wir uns sonst dem unnötigen Risiko aussetzen, einen Schlag an den Kopf zu erhalten.

Abb. 7
So sieht die Kampfstellung der Thai-Boxer aus.
Die Zeichnungen 8-11 zeigen das Bewegen aus der Kampfstellung in alle Richtungen. Die Zahlen bezeichnen die Reihenfolge der Fußbewegung.

Diese Stellung ist im Grunde genommen natürlich, muß nicht besonders erlernt werden und soll uns höchste Beweglichkeit und große Wirksamkeit geben. Die Zeichnungen 8-11 stellen die Methoden des Vorwärts-, Rückwärts-

und Seitwärtsbewegens dar. In der Ausgangsstellung ist der rechte Fuß vorne (Kontrastellung), das Bewegungsprinzip ist jedoch auch für die Stellung mit dem linken Bein vorne analog. Beim Vorwärtsbewegen erfolgt der Ausfallschritt zunächst mit dem vorderen Fuß aus der Ausgangstellung, beim Rückwärtsbewegen mit dem hinteren Fuß zuerst usw. Wenn wir uns seitwärts, nach links bewegen wollen, so beginnen wir mit dem linken Fuß, beim Rechtsbewegen, entsprechend mit dem rechten Fuß.

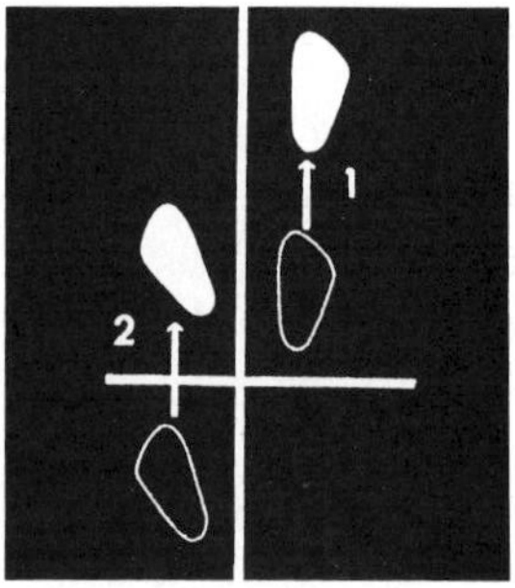

Abb. 8

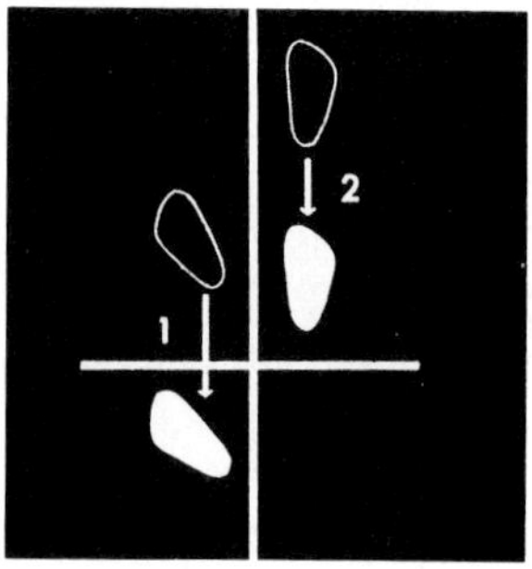

Abb. 9

Abb. 8 Vorwärtsbewegen:
Aus der Grundstellung schreiten wir mit dem vorderen Fuß einen halben Schritt vorwärts, wonach dann der hintere Fuß nach vorne nachgezogen wird. Durch eine ganze Reihe solcher kleinen Ausfallschritte bewegen wir uns vorwärts, indem wir dabei stets in der Stellung bleiben, aus der wir kämpfen.

Abb. 9 Rückwärtsbewegen:
Aus der Grundstellung schreiten wir zuerst mit dem hinteren Fuß zurück, wonach dann der vordere Fuß nachgezogen wird. Auf diese Weise bewegen wir uns zurück, (oder entfernen uns vom Gegner) um eine möglichst günstige Position einzunehmen.

Durch Seitwärtsbewegen können wir oft den Schlägen des Gegners ausweichen oder um ihn herumkreisen.

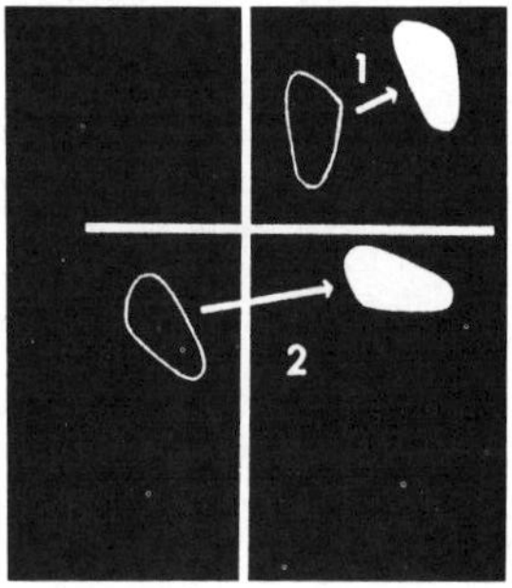

Abb. 10

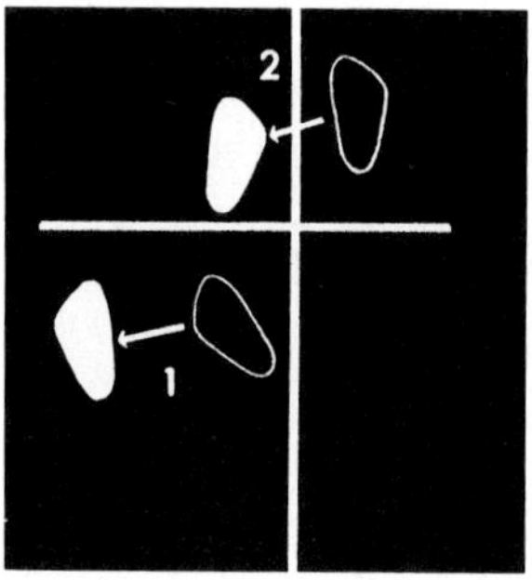

Abb. 11

Abb. 10 Bewegen nach rechts:
Aus der Anfangsstellung schreiten wir zunächst mit dem vorderen Fuß nach rechts und ein wenig nach vorn, danach wird dann der linke Fuß nachgezogen.

Abb. 11 Bewegen nach links:
Aus der Anfangsstellung schreiten wir zunächst mit dem hinteren Fuß nach links und ein wenig nach hinten, danach wird dann der vordere Fuß nachgezogen.

Abb. 12
Der K.o. als Ergebnis einer hart geführten Geraden.

Die Faustschläge

Die Gerade (Chook)

Die Gerade ist eine der meistangewandten Fausttechniken im thailändischen Boxen. Dieser Schlag kann verschiedenen Zwecken dienen: Um einen Angriff abzuwehren/um die Gelegenheit zum eigenen Angriff zu schaffen/zur Täuschung des Gegners/oder als der einen K.o. bewirkende Endschlag. Eine Gerade wird aus der Kampfstellung mit dem vorderen oder hinteren Arm (die vordere oder hintere Gerade - Abb. 13 und 14) üblicher Weise in Serien von mindestens 3 nacheinander folgenden Schlägen ausgeteilt. Wichtig ist es zu Beginn des Angriffs locker zu sein, um dann den Körper plötzlich zu drehen und den Schlag zu versetzen. Dabei sollten wir darauf bedacht sein, daß der Kopf von der anderen Hand gedeckt wird. Nach dem ausgeteilten Schlag geht die Hand, die gleiche Bewegung umgekehrt ausführend, in die Ausgangsstellung

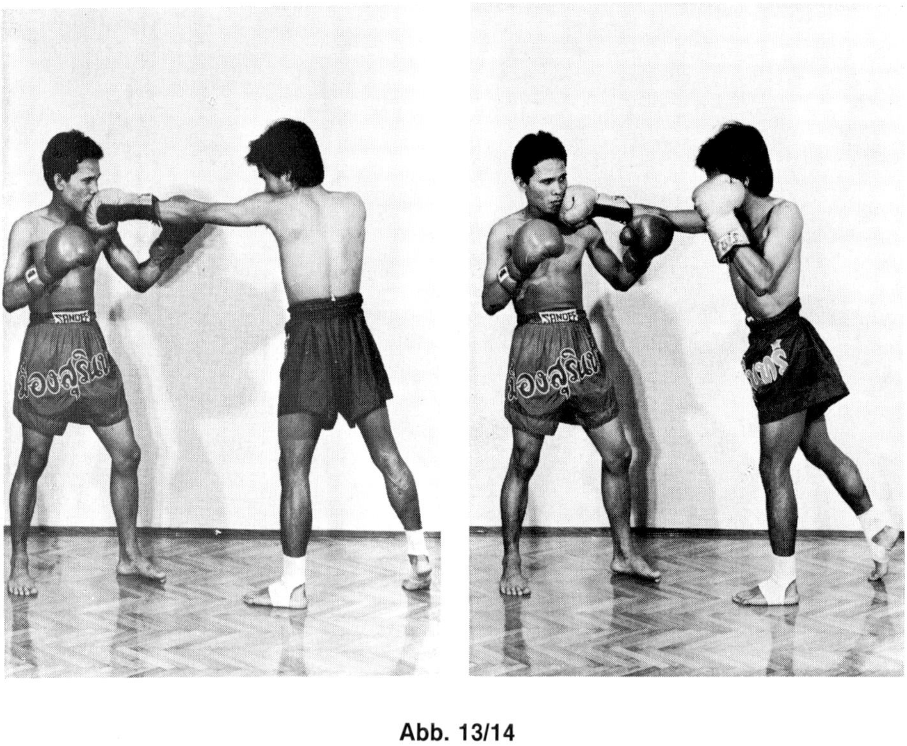

Abb. 13/14

Abb. 15

zurück. **Die Schläge sollen immer in Serien und nie einzeln versetzt werden.** Eine Serie wird so lange fortgesetzt, bis der Gegner zu Boden geht oder gefährliche Gegenschläge zu führen beginnt. Nachdem wir die Ausführung der Schläge in die Luft beherrschen, müssen wir am Sandsack und an Schlagpolstern zu üben beginnen. Ein gut trainierter Boxer kann jeden Schlag des Gegners mit zwei oder drei Gegenschlägen erwidern. Als Hauptziel dient der Kopf des Gegners, seltener sein Körper, da wegen der Gefahr einer möglichen Umklammerung und eines gegnerischen Kniestosses jedes Vorbeugen zu vermeiden ist. Manchmal kann die Gerade gleichzeitig mit einer Fußtechnik (Abb. 15) oder mit dieser kombiniert geführt werden.

Der Haken (Mat Thong, Mat Aat)

Diese Fausttechnik wird praktisch nach den gleichen Prinzipien wie eine Gerade geführt. Für das Training gelten auch die gleichen Methoden. In Wettkämpfen werden diese Schläge jedoch etwas seltener gesehen, weil sie einen nahen Abstand verlangen, wodurch die Gefahr einer Umklammerung bzw. eines anschließenden Kniestosses vergrößert wird. Den nachstehenden Abbildungen sind der Kinnhaken (Abb. 16) und der Aufwärtshaken (Abb. 17) zu entnehmen. Das Vorrangziel ist der Kopf des Gegners. Der Aufwärtshaken ist vor allem ein Überraschungsschlag. Aus der Serie (Abb. 18-22) ist die Einübung dieser Schläge am Sandsack zu ersehen. Nach zwei schnellen Geraden (rechts, links) kann der dritte Schlag einer Serie ein rechter Haken oder ein rechter Aufwärtshaken sein.

Abb. 16

Abb. 17

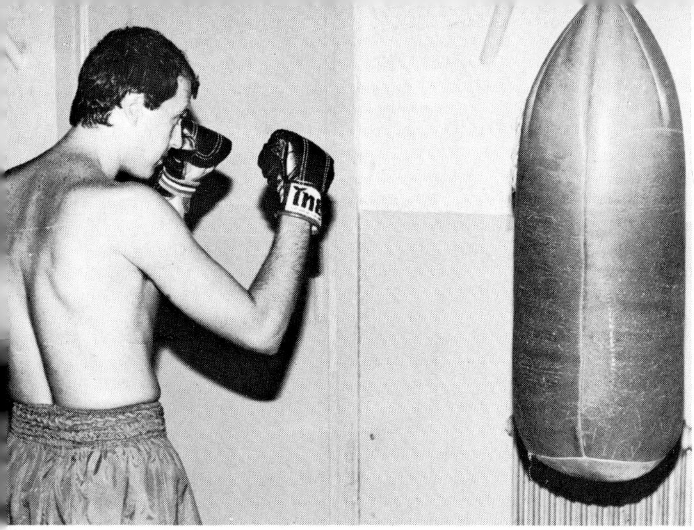

Abb. 18

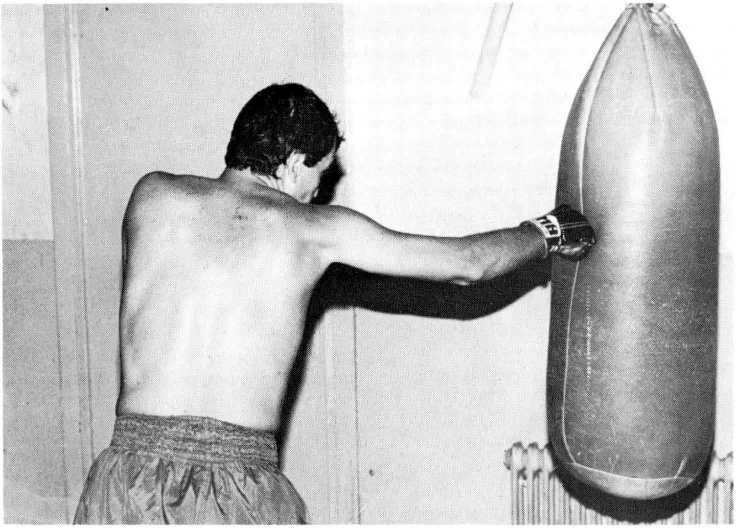

Abb. 19

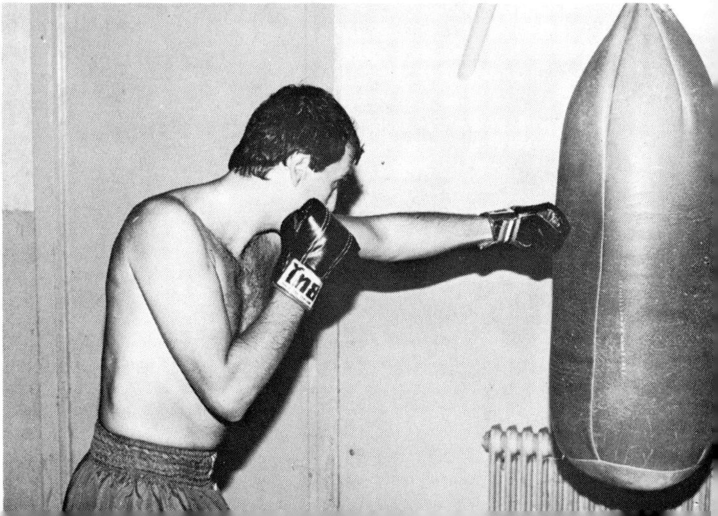

Abb. 20

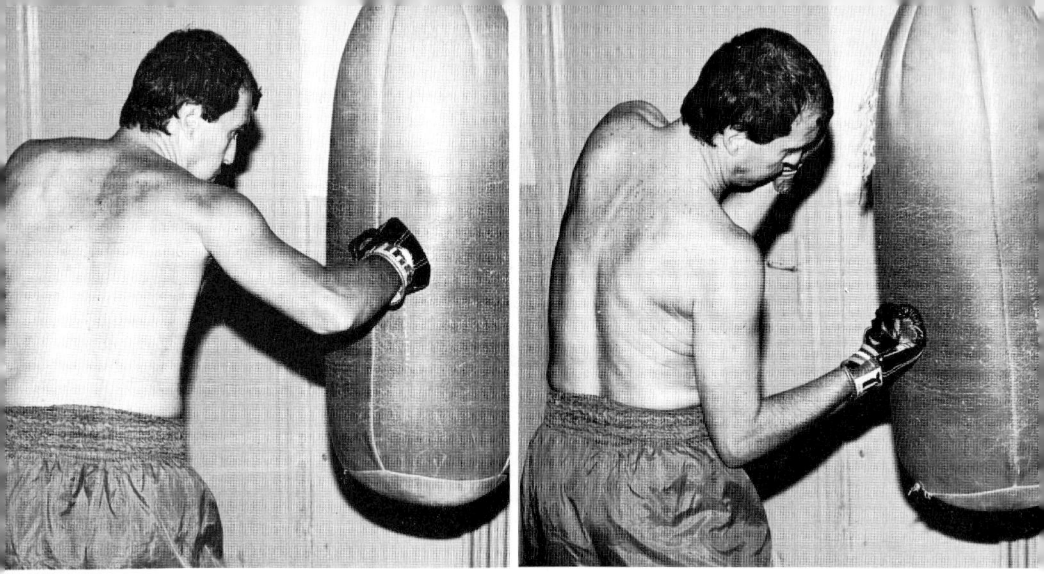

Abb. 21/22

Abb. 23
Beim Nahkampf widmen die Boxer der Kopfdeckung besondere Aufmerksamkeit. Der linke Boxer hat jedoch ein Loch in der Abwehr gefunden und einen Aufwärtshaken ausgeteilt.

Abb. 24

Der Ellbogenstoß (Sook)

Der Ellbogenstoß ist eine der gefährlichsten Waffen im Nahkampf. Im Thai-Boxen gibt es drei Grundellenbogentechniken: Den Seitwärtsstoß (Abb. 25/26), den Abwärtsstoß (Abb. 27) und den Aufwärtsstoß (Abb. 28). Manchmal können im Wettkampf auch der gesprungene Ellbogenstoß oder der Drehellbogenstoß ausgeführt werden. Diese letzten Stöße gehören aber zu den speziellen Techniken für Fortgeschrittene, deren Darstellung nicht das Ziel dieses Buches ist. Das Prinzip dieser Stöße ist das gleiche wie bei allen Faustschlägen: Die Kraft wird durch eine Drehung des ganzen Körpers erzeugt: Der Stoß kann aus der Kampfstellung mit dem vorderen oder hinteren Arm (abhängig von der Kampfsituation) versetzt werden. Die Abb. 24 zeigt den Seitwärtsellbogenstoß in einem echten Wettkampf.
Die Ellbogenstöße werden am besten am Sandsack trainiert, es muß jedoch darauf aufmerksam gemacht werden, daß sie aufgrund ihrer verhältnismäßig kurzen Reichweite **nie als Anfangsschlag dienen**. Demzufolge soll der Ellbogenstoß als zweiter oder dritter Schlag in einer Serie (z.B. nach einer Geraden) oder als Gegenschlag trainiert werden. Vorrangziel ist der Kopf des Gegners aber auch die übrigen Körperpartien. Die Abb. 29/30 zeigen das Training des Ellbogenstoßes am Sandsack. Der Stoß wird aus der Kampfstellung mit dem rechten (hinteren) Arm geführt. In den Schlag wird durch eine Körperdrehung die Masse des ganzen Körpers hineingelegt (die Techniken werden von einem Boxer aus Kampuchea vorgeführt, wo eine dem Thai-Boxen sehr ähnliche Kunst geübt wird, die von den Thailändern „Muai-Khmer" genannt wird). Die Ellbogenstöße sind so zu trainieren, daß z.B. dem Ellbogenstoß links sofort

Abb. 26

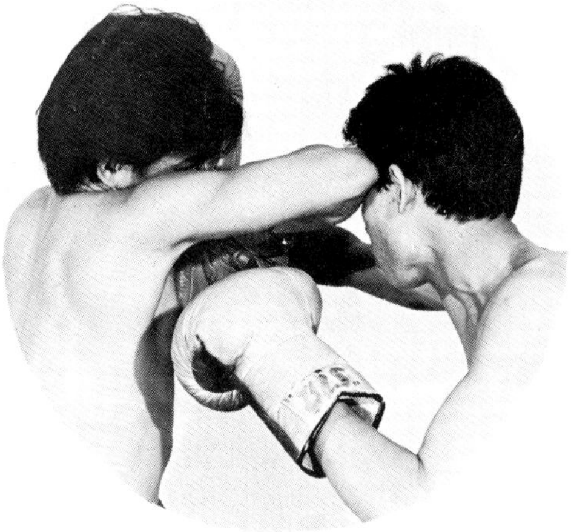

Abb. 25

Abb. 27

Abb. 28

der Ellbogenstoß rechts und umgekehrt folgt. Die Abb. 31, 32 und 33 zeigen die Vorbereitung sowie zwei schnelle Ellbogenstöße: Es wird zuerst mit dem rechten und dann mit dem linken Arm zugestoßen. Die Stöße werden mit einem kleinen Ausfallschritt mit dem vorderen Bein nach vorne aus der Kampfstellung ausgeteilt.

Abb. 29/30

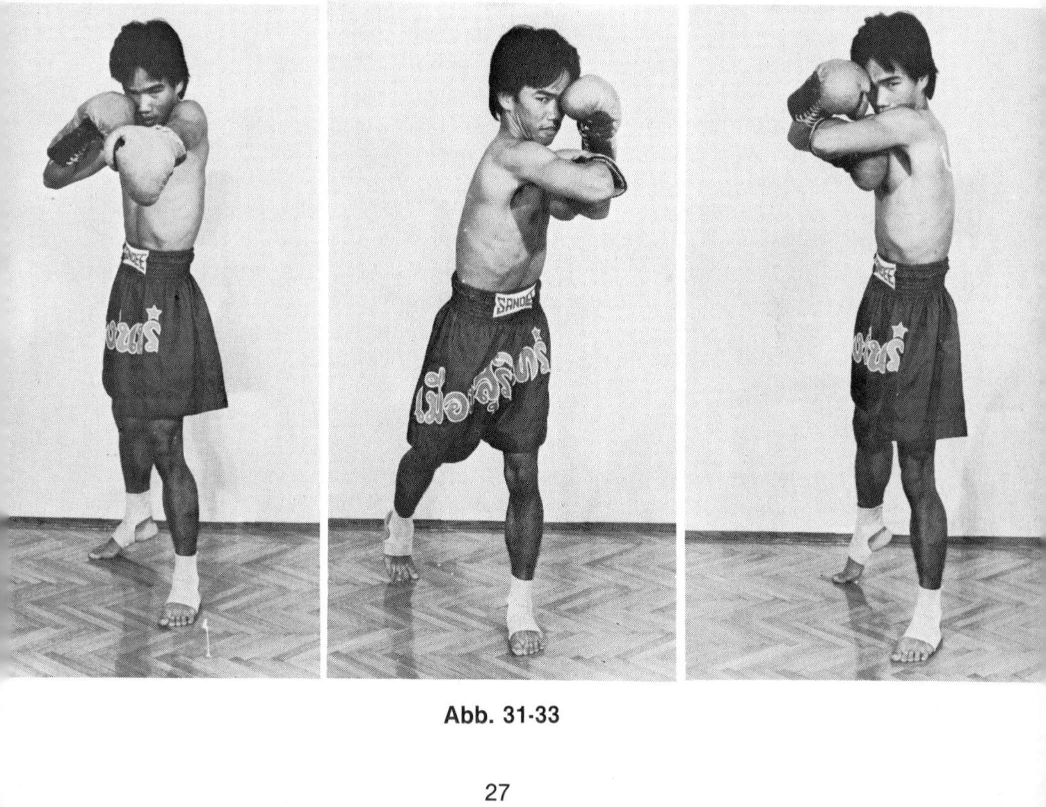

Abb. 31-33

Die Fußtritte

Es bestehen einige Grundregeln, die bei der Führung eines Fußtrittes beachtet werden müssen. Seine Ausführung unterscheidet sich deutlich von den entsprechenden Techniken anderer ähnlicher Kampfkünste. Die Fußtritte, die beim Thai-Boxen geführt werden, gehören zu den sogenannten „durchstoßenden Techniken". Diese Tritte werden nämlich so geführt, als ob der Gegner mit dem Fuß „durchtreten" wird. Auch beim Training mit einem imaginären Gegner (Schattenboxen) oder „Dtoy Lom" (das Boxen mit dem Wind, wie dies die Thailänder nennen) werden sie ohne Abstoppen versetzt. Solche Art der Fußtrittführung wird am besten durch den gedrehten Tritt dargestellt, der gleichzeitig auch die häufigste Trittechnik beim Thai-Boxen ist. **Bei der Ausführung eines Fußtritts soll die größte Aufmerksamkeit der Kopf- und Körperdeckung gewidmet werden**, da jeder Gegenschlag sehr gefährlich sein kann, wenn wir nur auf einem Fuß stehen. Deshalb führen die thailändischen Boxer einen Fußtritt immer so aus, daß sie gleichzeitig mit beiden Händen den Kopf und den Körper schützen. Das wichtigste bei allen Beintechniken zu berücksichtigende Prinzip besteht darin, daß man auf Zehenspitzen steht, wodurch eine maximale Geschwindigkeit der Trittführung ermöglicht wird.
In vielen Büchern über andere Kampfkünste kann die Empfehlung gefunden werden, daß wir uns auf das Standbein mit dem ganzen Fuß stützen müssen, um ein besseres Gleichgewicht zu halten und eine höhere Trittkraft zu erreichen.
Beide Behauptungen stimmen offenbar nicht. Ein gutes Gleichgewicht kann auch gehalten werden, wenn man auf den Zehenspitzen (natürlich nur für einen kurzen Augenblick während der Trittführung) steht. Die Trittkraft, beziehungsweise die Energie, die wir in einer sehr kurzen Zeitspanne dem Körper des Gegners oder dem zu treffenden Objekt übertragen, hängt von zwei Komponenten ab: Einerseits von der Energiemenge, die wir zu erzeugen fähig sind, und andererseits von der Dauer der Energieabgabe an den Körper unseres Gegners oder kurz gesagt von der Trittgeschwindigkeit. In der Art einer physikalischen Formel könnte man dies folgendermaßen ausdrücken:

$$E/t = \frac{\text{Energie}}{\text{Zeit}}$$

Daraus geht etwas Wesentliches hervor: Um einen kräftigen Tritt austeilen zu können, muß man nicht unbedingt besonders stark sein. Wenn ein Tritt zweimal schneller geführt wird, wird er die gleiche Wucht wie der langsamere Tritt eines zweimal stärkeren Menschen haben. Sind Leute vom kleineren Wuchs nicht auch schneller als die größeren? Ist die vorerwähnte Zeitspanne zu lang, so verwandelt sich der Tritt in einem Stoß, wozu dann in der Tat eine gute Stütze (nämlich der ganze Fuß) benötigt wird.
In der Praxis erzeugen wir die Trittkraft und die Trittgeschwindigkeit durch einen guten **„Start"** in der Anfangsphase des Trittes und danach durch die **Hüft-**

drehung sowie den **Körpereinsatz** beim Tritt. Für einen guten Start in der Anfangsphase ist es wichtig, sich plötzlich mit dem tretenden Fuß vom Boden zu lösen. Dadurch wird die Anfangsbeschleunigung erreicht, wonach die Trittbewegung durch die Hüftdrehung weiter beschleunigt wird, um dann im Kontakt mit dem zu treffenden Ziel die maximale Geschwindigkeit zu erlangen.

Der Vorwärtsfußtritt (Thiep)

Dieser Tritt wird in ähnlichen Fällen wie die Gerade bei den Fausttechniken angewendet, wobei man ihn als Endschlag, zur Täuschung des Gegners, zur Blockade gegen einen Angriff oder mit Hand- oder anderen Beintechniken serienmäßig kombiniert, einsetzen kann. Treffende Fläche können Fußballen,

Abb. 34
— Szene aus einem Wettkampf: Der linke Boxer führt erfolgreich den Vorwärtstritt aus, wodurch der Gegner, der mit einem gedrehten Tritt anzugreifen versucht hatte, zurückgestoßen wird.

Ferse oder in einigen Fällen auch die ganze Fußsohle sein. Die Ausführungsart ist aus den Abb. 35-37 zu ersehen.
Nachdem wir plötzlich den Fuß vom Boden abgehoben haben, verläuft die Bahn des Fußes etwa in Kniehöhe des anderen Beines, auf dem wir stehen. Der Körper dreht sich ein wenig seitwärts, wodurch die Stoßweite verlängert wird. Die Hände werden so gehalten, daß Kopf und Körper geschützt sind. Aus dieser Stellung kann der Tritt mit dem vorderen oder dem hinteren Fuß (Abb. 38) versetzt werden.
Der vordere Fußtritt wird meist zum Stoppen eines Angriffs des Gegners oder als Gegentritt angewendet, während der hintere Fußtritt dann ausgeteilt wird, wenn wir einen hart wirkenden Tritt versetzen wollen und sicher sind, daß der Gegner nicht ausweichen kann. Falls wir mit einer Schlagkombination angreifen wollen, können wir als Anfangsschlag z.B. den vorderen Vorwärtsfußtritt einsetzen. Die Vorrangziele dieses Trittes sind Solar-Plexus und Bauch des Gegners (Abb. 39). Manchmal kann sich auch die Gelegenheit zum Tritt auf das Kinn (Abb. 40) ergeben, obwohl es sehr gefährlich sein kann, dies gegen einen erfahrenen Gegner zu versuchen. Es besteht auch die Möglichkeit den gesprungenen Vorwärtstritt anzuwenden, der aber sehr selten ist und zu den fortgeschrittenen Techniken gehört.

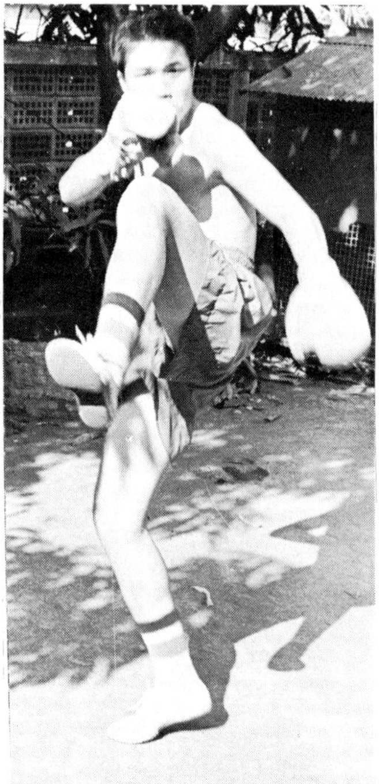

Abb. 35-37

Abb. 38

Abb. 39

– Bei der Einübung dieses Trittes
n die Luft ist es nicht empfehlens-
vert, ihn (wegen der möglichen
Knieverletzungsgefahr) mit voller
Kraft zu führen.

Abb. 40

Abb. 41
Nach Beherrschung der Technik dieses Tritts wird empfohlen, ihn am Sandsack in Kombination mit anderen Schlägen zu trainieren.

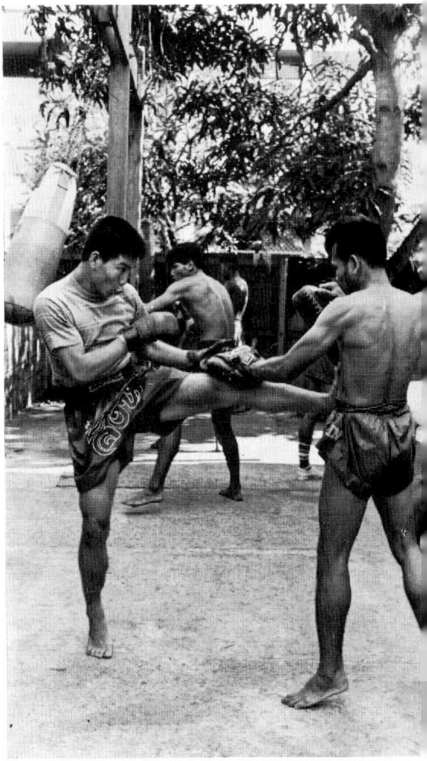

Die **Abb. 42** zeigt das Training des Vorwärtstritts unter Verwendung eines Schlagpolsters.

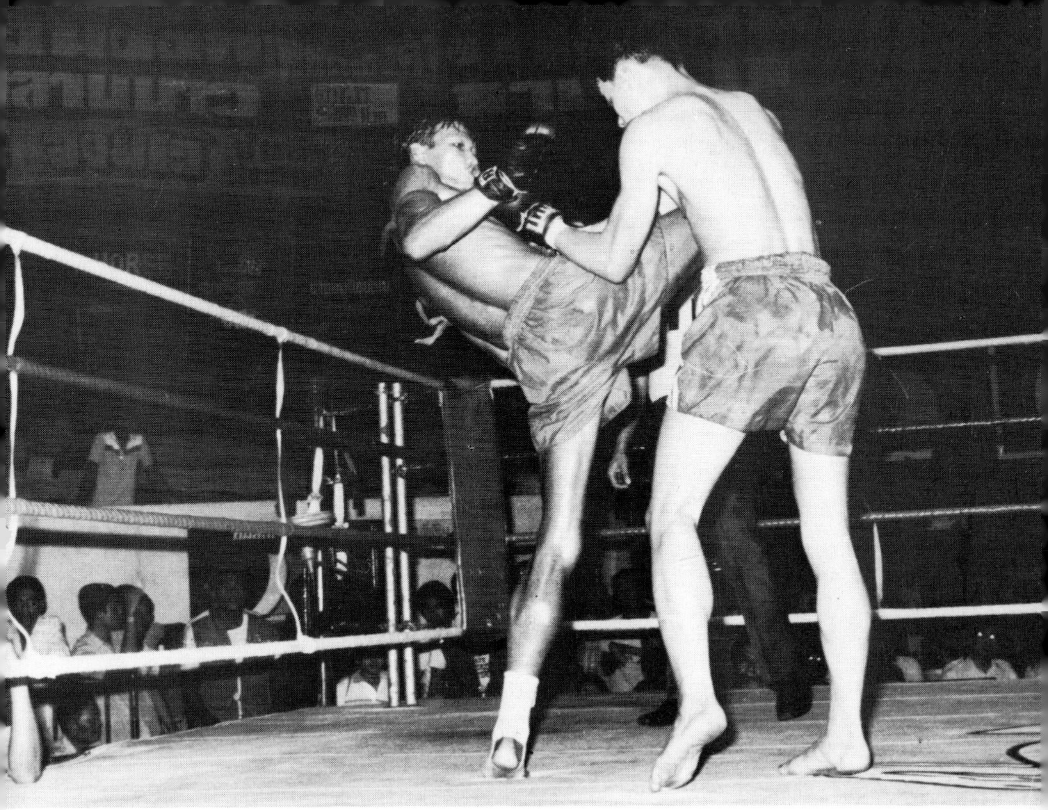

Abb. 43

Der Kniestoß (Kao)

Kein asiatischer Kampfsport hat die Knietechniken in einem solchen Maße vervollkommnet wie das Thai-Boxen. Der Kniestoß ist die wirksamste Waffe im Nahkampf, und Thai-Boxer führen ihn fast immer aus, wenn sich dazu eine Gelegenheit ergibt (Abb. 43). Selten kann jemand die gefürchteten Serien solcher Stöße aushalten, die meist anfangen, nachdem der Gegner erfaßt wurde. Die Kniestöße können grob in solche mit und solche ohne Umklammerung des Gegners gegliedert werden. Nach der Ausführungsform werden sie wie folgt unterschieden: Kniestoß nach vorn, Kniedrehstoß und Kniestoß im Sprung. Alle genannten Stoßformen können oft im Kampf beobachtet werden. Am meisten wird zum Körper oder Kopf gestoßen. Als Ziel kann aber auch der Oberschenkel des Gegners dienen. Der Übung dieser Techniken wird im Thai-Boxen besondere Aufmerksamkeit und ein langes Training gewidmet. Die Abbildungen 44 und 45 stellen dar, wie der Gegner am Genick erfaßt wird. Richtig umklammert, gelangt der Gegner in eine sehr gefährliche Lage, aus der er sich nur schwer befreien kann. In der Anfangphase fassen wir ihn so, daß sich unsere Hände hinter seinem Genick kreuzen (Abb. 44). Nachdem wir ihn umklammert haben, stützen sich unsere Unterarme gegen die Brust, während sein Kopf heruntergerissen wird. Danach wird ruckartig der Kniestoß (Abb. 45) versetzt. Die Umklammerung sowie einige Stoßformen sind aus den Abbildungen

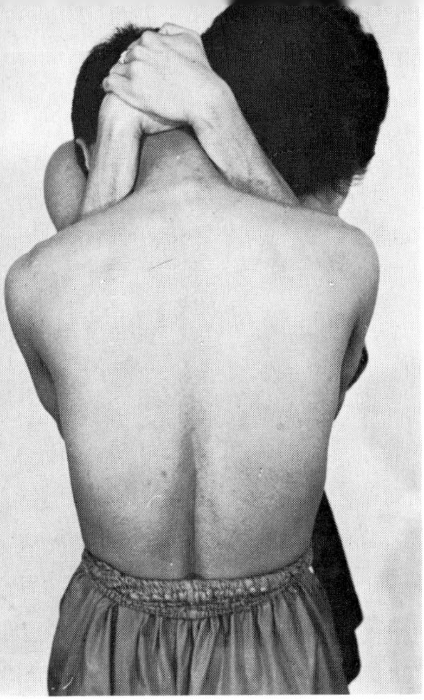

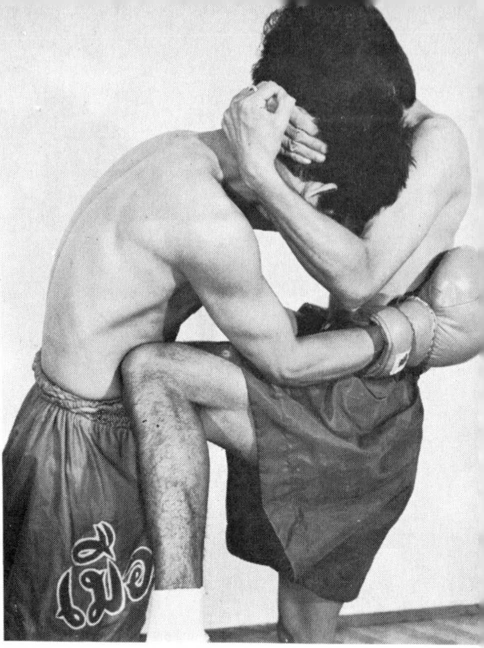

Abb. 44/45

46-50 zu ersehen. Den Gegner können wir mit einem Kniestoß zum Kopf (Abb. 48), zum Körper (Abb. 49) oder mit einem Kniedrehstoß zum Körper (Abb. 50) angreifen.

Diese Umklammerungen werden von den Thailändern „Diab ko'' genannt. Dem Aussehen nach einfache Techniken, die aber viel Übung verlangen, bevor sie beherrscht werden.

Abb. 46
Szene aus einem Wettkampf: Ein gesprungener Kniestoß wird im letzten Augenblick abgewehrt.

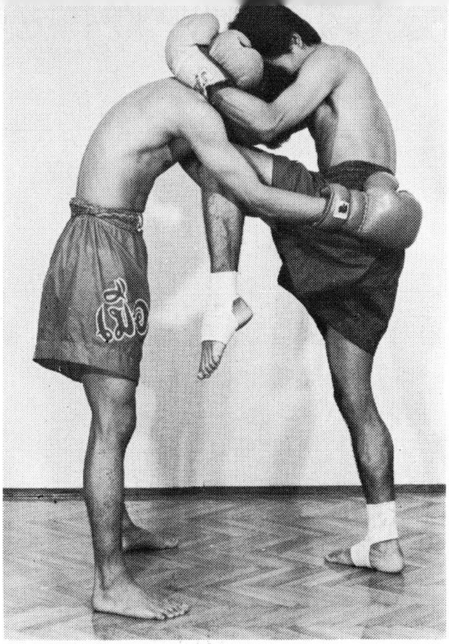

Abb. 48

Abb. 49

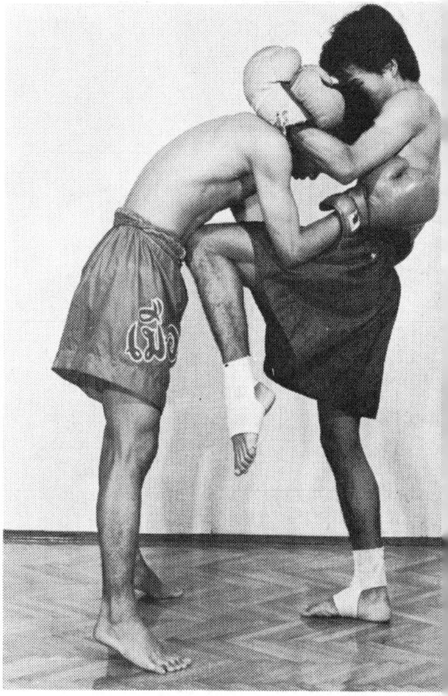

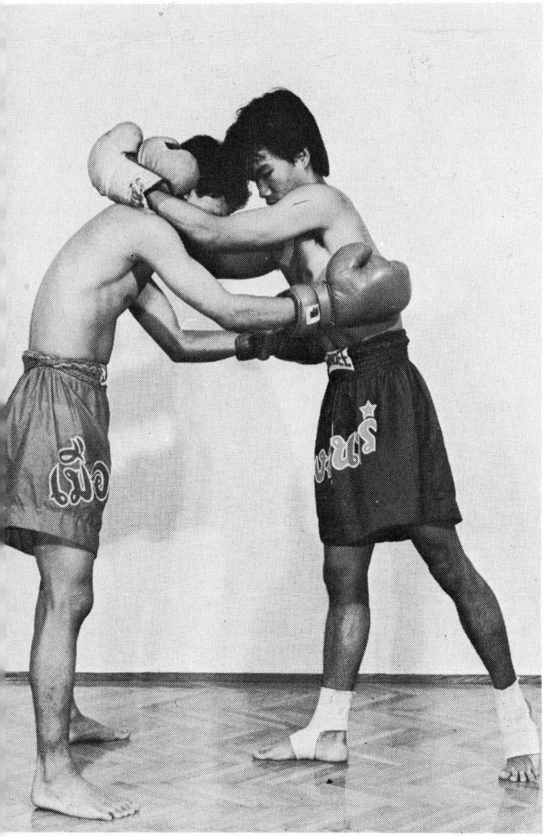

Abb. 47 — Ausgangsstellung

Nachdem wir den Gegner erfaßt haben, wird es möglich, ihn auf mehrere Weisen anzugreifen. Jeder dieser Angriffe kann einen K.o. (Phet Rao) bewirken. Die Ziele des Trittes sind Kopf, Solar-Plexus und die Rippen des Kontrahenten.

Abb. 50

Abb. 51
— Bei dem gesprungenen Kniestoß halten wir den Gegner nur mit einer Hand.

Abb. 52
— Wenn der Gegner groß ist, kö
nen wir in einem Nahkampf eine
Kniestoß gegen seinen Obersche
kel anbringen.

Abb. 53
— Eine Szene aus einem Wet
kampf: Der Kniestoß hat den We
zum Kopf des Gegners gefunde
Viele Wettkämpfe werden mit e
nem auf diese Weise bewirkten K.
beendet.

Abb. 54/55

Bei den Vorwärtskniestößen zum Kopf des Gegners ist es wichtig, den Kontrahenten ausreichend niederzubeugen, damit ihn der Stoß auch erreichen kann. Dies wird durch einen heftigen und plötzlichen Ruck nach unten sowie durch Nach-Vorne-Ziehen des Gegners erzielt. Eine besondere Art des Kniestoßes ist der sogannte „Stoß im Sprung" (Abb. 51), wobei der Gegner mit nur einer Hand gehalten wird. Er wird dann angewendet, wenn sich der Gegner selbst vorgebeugt hat, oder wenn er durch eine Angriffsserie gezwungen wurde, sich für einen Augenblick zu bücken. Bei dieser Technik ist es am wichtigsten, die richtige Gelegenheit zum Angriff zu nutzen, wozu eine große Kampferfahrung nötig ist.

Eine andere Art Kniestoß ist der Stoß bei gleichzeitiger Umklammerung des Gegners um die Taille, der ausschließlich zum Angriff auf die Oberschenkel (Abb. 52) eingestzt wird. Auf der Abb. 53 ist eine erfolgreich angewendete Kniestoßtechnik mit Umklammerung zu sehen. Der Kniestoß ohne Umklammerung ist ebenfalls eine populäre und oft angewendete Technik bei Thai-Boxkämpfen. Sie kann als Endschlag in einem Angriff oder als Gegenschlag eingesetzt werden. Die Abb. 54 und 55 stellen die Ausführungsart und die Abb. 56 die Anwendung dieser Technik als Gegenschlag dar. Dabei soll beachtet werden, daß die Hände immer oben, in kopfschützender Stellung sein sollen. Der den Stoß führende Fuß ist gestreckt, während das Bein, auf dem man steht, steil aufgerichtet ist.

Abb. 56
Der Vorwärtskniestoß ohne Umklammerung ist gleichermaßen sowohl im Angriff, als auch in der Abwehr wirksam. Die Abb. 56 zeigt, wie er bei der Abwehr gegen eine Gerade eingesetzt werden kann.

Abb. 57
Szene aus einem Wettkampf: Der linke Boxer wurde durch einen harten Stoß zum Körper gestoppt.

Abb. 58

Abb. 59

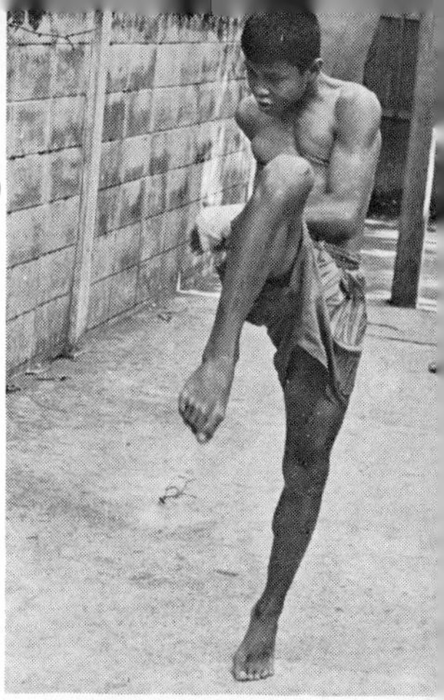

Abb. 60

Abb. 61

Kniestöße sind mit einem kräftigen Händeruck nach unten oder seitwärts zu führen.
Den Abbildungen 59-61 sind zwei Grundarten des Kniestoßes mit Umklammerung des Gegners zu entnehmen.
Dem Vorwärtskniestoß (Abb. 59) und dem Seitwärtskniestoß (Abb. 60/61) liegen die gleichen Prinzipien zugrunde, und gewöhnlich werden sie miteinander kombiniert.

Abb. 62 /63

Das Körpergewicht ruht auf dem Vorderteil der Fußsohle. Es wird darauf aufmerksam gemacht, daß die Prinzipien, von denen am Anfang die Rede war („Start" und Hüftdrehung), auch bei Kniestößen gültig sind.
Der Kniestoß ohne Umklammerung hat eine etwas größere Reichweite, da man sich bei dessen Ausführung ein wenig vorwärts streckt. Die Abbildung 43 (aus einem Wettkampf) stellt einen erfolgreich geführten Angriff bzw. einen Gegenkniestoß dar, bevor der rechte Boxkämpfer seinen Kinnhaken ausführen konnte.
Zu den höchsten Künsten werden die gesprungenen Kniestöße gezählt. Sie können auf der Stelle oder „mit Anlauf" durchgeführt werden. Der Stoß wird auf folgende Weise ausgeführt: Mit einem Fuß stoßen wir uns möglichst hoch vom Boden ab, während der Gegner mit dem anderen Bein an Kopf oder Körper getroffen wird. Der Abb. 58 ist ein sehr attraktiver Moment aus einem Wettkampf zu entnehmen, wozu, meiner Meinung nach, kein Kommentar benötigt wird. Alle vorerwähnten Kniestoßformen sind zunächst sorgfältig ohne Gegner (in die Luft) einzuüben, wonach dann die weitere Vervollkommnung am Sandsack und am Schlagpolster erfolgt. Die Abb. 59 zeigt einen Jungen beim Training des Vorwärtskniestoßes mit vorgetäuschter Umklammerung des Gegners (In Thailand beginnt man bereits in frühester Jugendzeit das Muai-Thai zu trainieren). Die Abb. 60 und 61 stellen die Führung eines gedreh-

Abb. 64

ten Kniestoßes mit vorgetäuschter Umklammerung des Gegners dar. Die Techniken werden auf diese Weise in Serien von 5 oder 6 nacheinander folgenden Stößen sowie auch in Kombination mit anderen Schlagarten geübt.
Das Training am harten Sandsack wird Vielen am Anfang schmerzhaft und anstrengend vorkommen. Ein altes Sprichwort aber sagt: „Ohne Fleiß keinen Preis!" Wenn wir also beständig bleiben, werden unsere Knie nach ein paar Trainingsmonaten allmählich abhärten und sich in eine richtige Waffe verwandeln. Die Knie vieler Boxer aus Thailand werden in einem für uns Europäer unglaublichen Maße abgehärtet. Aus der Abb. 62 ist ein Kniestoß ohne Umklammerung, diesmal am Sandsack, zu ersehen. Beobachten Sie alle vorher genannten Elemente: Die Hände schützen den Kopf, der Fuß des stoßenden Beines ist ausgestreckt und das Gewicht ruht auf dem vorderen Teil des Standbeines.
Der Vorwärtskniestoß mit Umklammerung ist der Abb. 63 zu entnehmen. Der Sandsack wird in Kopfhöhe des Gegners erfaßt. Die Ellenbogen müssen möglichst nach innen zusammengebracht werden, während sich unser Kopf dicht

am Sandsack befinden soll (in der Praxis am Kopf des Gegners, um möglichen Faustschlägen auszuweichen). Ruckartig lösen wir uns vom Boden und stoßen in Serien zum Sandsack. Es müssen alle jene Bewegungen geübt werden, die in einem echten Kampf eingesetzt werden. Den Sandsack müssen wir sowohl stoßen, als an uns heranziehen bzw. um ihn herumtanzen. Die Art, wie die thailändischen Boxer die Stoßserien am Sandsack ausführen, ist sehr phantasievoll, kann aber schwer durch einzelne Abbildungen wiedergegeben werden. Dies ist ein Lehrstoff, der nicht allein aus einem Buch, sondern am besten durch ein Training in einer thailändischen Boxschule erlernt werden kann.

Der Drehtritt (Te)

Der gedrehte Fußtritt ist zweifellos die am meisten angewandte Fußtechnik beim Thai-Boxen. Es kann ruhig behauptet werden, daß dieser Tritt, neben dem Kniestoß, das thailändische Boxen symbolisiert. Die Boxveteranen nennen ihn „König aller Fußtritte".
Die treffende Fläche ist das ganze Schienbein und der Spann. Das Schienbein wird bei den Tritten zum Körper und der Spann bei den Tritten zum Kopf oder Hals des Gegners angewendet. Die Ausführung dieses Tritts ist den Abb. 65-67 zu entnehmen. Aus der Kampfstellung lösen wir uns plötzlich mit dem tretenden Fuß bei gleichzeitiger Körper- und Hüftdrehung. Das Bein, auf dem wir stehen, muß im Moment des Trittes fast ganz gestreckt sein, während das Körpergewicht auf dem Vorderteil des Fußes ruht. Von größter Wichtigkeit ist die Kopf- und Körperdeckung mit den Händen. Falls ohne Partner in die Luft geübt wird, wird der Tritt mit einer vollen Drehung ausgeführt, während das

Körpergewicht auf dem Vorderteil des Fußes ruht. Von größter Wichtigkeit ist die Kopf- und Körperdeckung mit den Händen. Falls ohne Partner in die Luft geübt wird, wird der Tritt mit einer vollen Drehung ausgeführt, während das Bein beim Sandsacktraining nach dem Auftreffen den gleichen Weg zurücklegt. Die Ausführung selbst unterscheidet sich wesentlich von der Art, wie dieser Tritt in anderen Kampfkünsten (z.B. im Karate oder Teakwondo) ausgeführt wird. Beim Thai-Boxen wird mit der Kraft des ganzen Körpers und nicht nur des Schienbeins zugeschlagen. **Die Wucht eines auf diese Weise versetzten Trittes ist manchmal so groß, daß sie sogar durch einen doppelten Unterarmblock nicht aufgehalten werden kann**. Allgemein gesprochen ist der Drehtritt der härteste Fußtritt beim Thai-Boxen und kann bei Angriffen auf fast alle Körperteile angewendet werden. Die Abb. 68/69 zeigen den Drehtritt auf die Innen- und Außenseite des Oberschenkels — ein unverzichtbarer Bestandteil des Repertoires eines Thai-Boxers.

Abb. 65-67

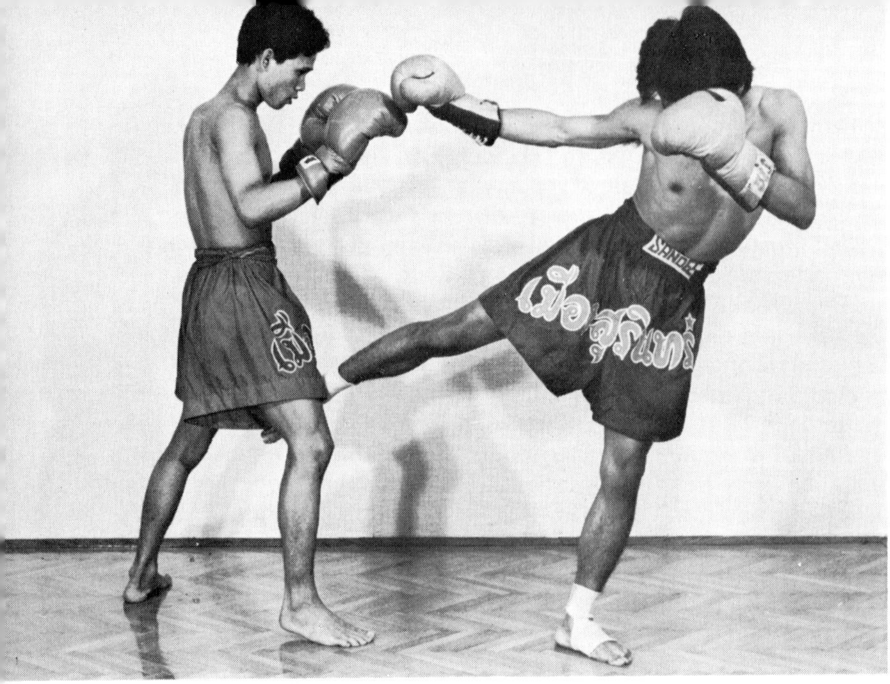

Abb. 68

Abb. 69

Abb. 70

Die hauptsächlichen Ziele eines Drehtritts sind Beine, Körper, Hals oder Kopf des Gegners. Der Schienbeintritt zum Oberschenkel wird von den Thailändern „Diog Yan" genannt, was in freier Übersetzung „Durchschlagen des Balges" heißt.

Abb. 71

Abb. 72
Szene aus einem Wettkampf: Ein gedrehter Fußtritt im Sprung wird zum Körper des Gegners „abgefeuert". Diese Trittart wird von den Thailändern „Kradot Te" genannt. Die Wucht dieses Trittes ergibt sich durch den „Anlauf" zum Gegner.

Dieser Tritt wird dann eingesetzt, wenn der Gegner aus dem Gleichgewicht geraten ist oder wenn er sich zurückzieht, kann jedoch auch als „Überraschungstritt" angewandt werden. Die Boxer, die imstande sind, diesen Tritt in der Praxis auszuführen, werden sehr hoch geachtet.

Viele japanische Kickboxer messen dieser Trittechnik einen großen taktischen Wert bei. Nach ein paar Runden kann der Gegner (an diese Trittart nicht gewöhnt) meist nicht mehr stehen, geschweige denn schlagen. Diese Kampftechnik wird durch ein altes thailändisches Sprichwort, das in Boxerkreisen sehr beliebt ist, illustriert: **„Der Gegner, der nicht stehen kann, kann auch nicht kämpfen."**

Die Abb. 70 und 71 zeigen den Drehtritt zum Körper beziehungsweise zum Kopf des Gegners. Beachten Sie die Armhaltung, wodurch Kopf und Körper bestens geschützt werden.
Eine besondere Drehtrittart ist der gesprungene Tritt (Abb. 72). Er wird so ausgeführt, daß wir mit einem Bein möglichst hoch in die Luft springen, während mit dem anderen Bein der Tritt versetzt wird. Dabei ist darauf zu achten, daß man nach dem Tritt kontrolliert wieder zurückspringt, damit man in der Lage ist, den Angriff fortzusetzen oder auf einen eventuellen Gegenangriff zu reagieren.

Nachdem die technische Ausführung dieses Trittes in die Luft beherrscht wird, müssen wir unbedingt das Training am Sandsack und am Schlagpolster (Abb. 73-75) weiterführen. Die thailändischen Boxer verbringen viele Stunden beim Üben verschiedener Kombinationen gedrehter Tritte. Besonders beliebt ist eine Serie von mehreren aufeinanderfolgenden, mit demselben Fuß versetzten Tritten, die am besten am Sandsack eingeübt werden. Auch hier ist ein mehrere Monate langes (schmerzhaftes) Training erforderlich, damit die Schienbeine genügend abgehärtet und stark werden und dadurch zum Treten und Abwehren gerüstet sind. Er-

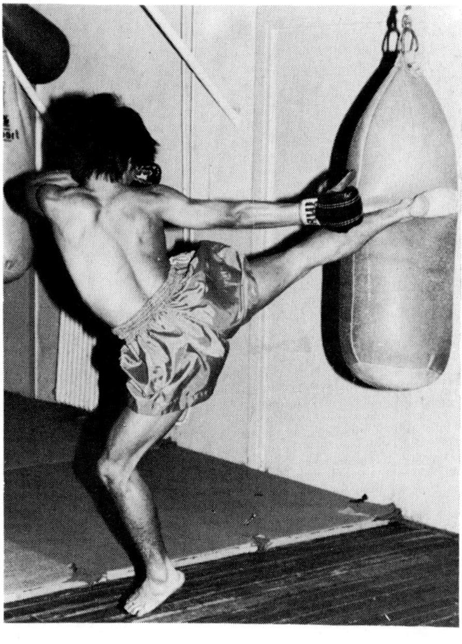

Abb. 73

fahrene Boxer sind imstande, während eines ganzen Wettkampfes ihre Gegner mit gedrehten Tritten zu attackieren, ungeachtet dessen, ob diese mit Knien, Ellbogen oder anderen Körperteilen blockieren. Die nebenstehenden Abbildungen zeigen Szenen aus Wettkämpfen: Abb. 76 (oben) — ein erfolgreich geführter Drehtritt zum Bein; Abb. 77 — die Wucht des Trittes hat den Gegner vom Boden abgehoben.

Abb. 74

Abb. 75

Abb. 76

b. 77

Die Abwehrtechniken

In diesem Kapitel werden die Abwehrarten gegen verschiedene Angriffe, die beim Thai-Boxen üblich sind, dargestellt. Die Einübung der Abwehrtechniken bildet einen wichtigen Bestandteil des Trainings, **da es nicht reicht, die Schläge versetzen zu können, sondern man muß auch auszuweichen oder diese abzuwehren bzw. einen Gegenschlag auszuteilen vermögen**. Am wichtigsten ist es, einen Angriff ruhig und entspannt abzuwarten, da man sonst nicht richtig reagieren kann. Der Gegner soll mit einem Blick im Ganzen erfaßt werden. Einer der Fehler, der von vielen Anfängern begangen wird, ist, daß sie im Augenblick des gegnerischen Angriffs unwillkürlich die Augen zumachen, wodurch ein kostbarer Sekundenbruchteil zur rechtzeitigen Gegenaktion verloren geht. Der Schlag des Gegners trifft in solchem Falle unfehlbar sein Ziel. Dieser Fehler ist zu vermeiden, indem wir während des ganzen Trainings immer bewußt bestrebt sind, nicht zu „zwinkern".

In einigen Schulen, insbesondere im Süden Thailands, gibt es eine traditionelle Trainingsmethode, deren Ziel das Vermeiden des Zwinkerns während eines Kampfes ist: Der Boxer geht bis zur Taille ins Wasser und beugt sich über dem Wasserspiegel nieder. Während er mit seinen Handflächen aufs Wasser patscht, ist er bemüht, nicht zu zwinkern. Diese Übung bringt hervorragende Ergebnisse.

Bei der Abwehr ist es auch eine sehr wichtige Sache **Intuition**, d.h. ein Gefühl zu entwickeln, in welchem Augenblick der Gegner angreifen wird. Der Mechanismus dieser Intuition wurde bisher noch nicht völlig geklärt. In vielen Kampflegenden und Erzählungen aus dem Osten wird öfter dieser sechste Sinn erwähnt, der durch bestimmte Übungen entwickelt werden kann. Einzelne Trainer treiben damit aber Mißbrauch, indem sie ihren Schülern versprechen, sich durch „spezielle Übungen" schnell die erwünschte Intuition anzueignen, wobei die Praxis vernachlässigt wird. Noch immer gibt es jedoch keine echten Beweise für das Vorhandensein des sechsten Sinnes, obwohl es in der Natur Beispiele gibt, daß einige Tiere in gewissen Fällen die Gefahr **vor** einem Angriff zu erahnen fähig sind. Sicher ist nur eines, nämlich daß man die Intuition in kleinerem oder größerem Maße **nur** durch ein langjähriges, beständiges Training erwerben kann.

Z.B. besitzen viele Boxer mit einer mehrjährigen Kampferfahrung die Fähigkeit, den Augenblick, in dem der Gegner anzugreifen beabsichtigt, voraus zu fühlen und dem Gegner mit einem eigenen Angriff zuvorzukommen. Eine solche Abwehrart gehört, wenn sie mit einem Block oder Konterschlag verglichen wird, zu den höheren Verteidigungsformen. Demzufolge müssen wir nach der Beherrschung der verschiedenen Abwehrtechniken allmählich unsere Bemühungen auch auf dieses Ziel richten.

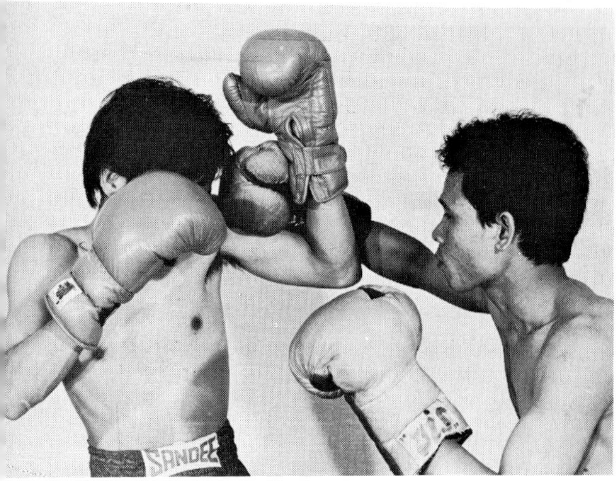

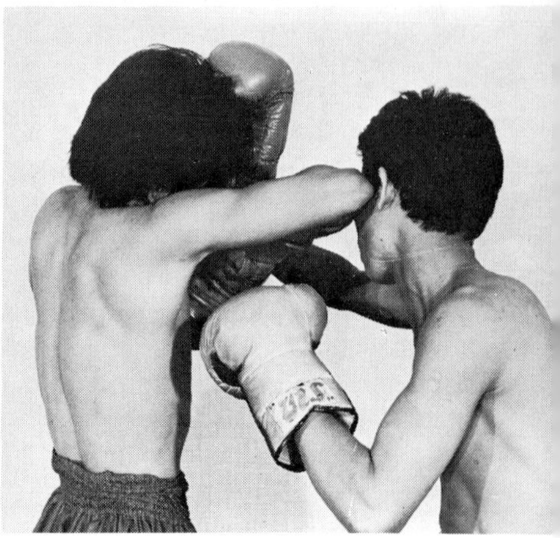

Abb. 78/79

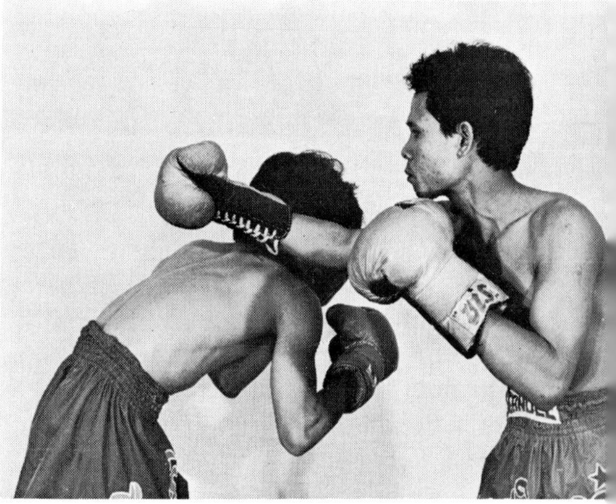

Ein harter Ellbogen-Gegenstoß als Konter auf den Angriff mit einer Geraden in zwei Beispielen.
Die Verteidigung im zweiten Beispiel (Abb. 80-82) kann schwer erlernt werden, aber sie ist besonders wirksam.
Ellbogenstöße sind eine ideale Waffe in der Selbstverteidigung!

Abb. 80-82

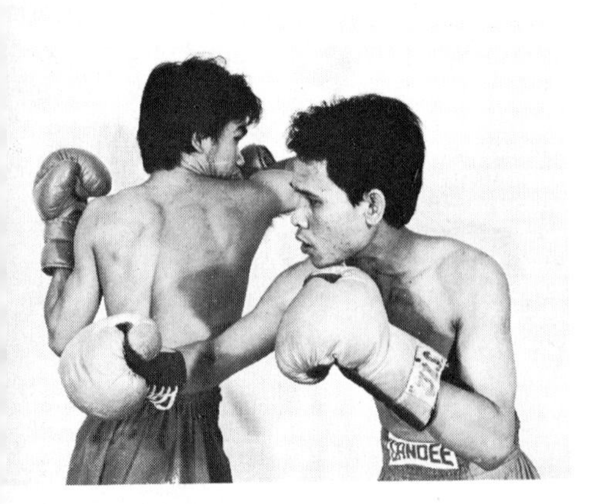

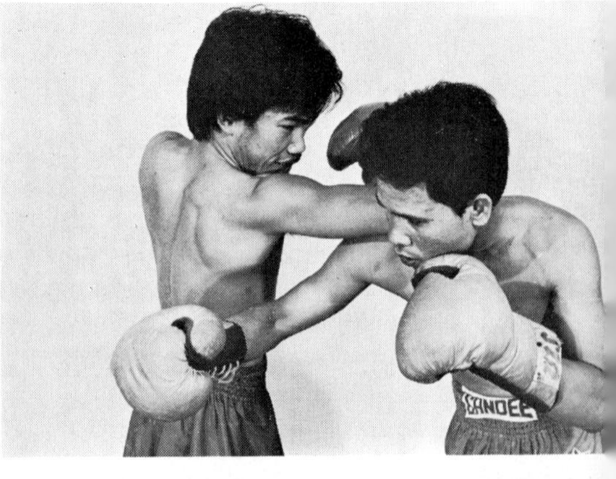

Die Abwehr der Geraden

Bei einem Angriff mit einer Geraden ist es für uns zweckmäßig, einen nahen Abstand einzunehmen, so daß bei der Verteidigung alle Schläge, egal ob mit kurzer oder langer Reichweite, eingesetzt werden können.
Die ersten vier Beispiele stellen die Abwehr der Geraden durch Gegenschläge bei nahem Abstand (Ellbogen- und Kniegegenstoß) dar, während die nächsten zwei Beispiele das Abwehren der Geraden mit Fußgegentritten bei weiterem Abstand (gedrehter Fußtritt und Vorwärtstritt) zeigen. Jede der gezeigten Abwehrarten hat ihre speziellen Vorteile und ihre Anwendung hängt von der Kampfsituation (z.B. vom verfügbaren Raum usw.) ab.
Den Abb. 78/79 ist eine einfache, aber doch sehr wirkungsvolle Verteidigung gegen eine Gerade zu entnehmen. Der Schlag wird mit dem linken Arm (Abb. 78) blockiert, wonach wir dann sofort den Ellbogen-Gegenstoß zum Kopf (Abb. 79) ausführen.
Die Abb. 80-82 zeigen eine ähnliche Verteidigung gegen die Gerade, diesmal aber ohne Block. Dem Schlag des Gegners wird durch eine halbkreisförmige Beugung des Körpers nach unten und zur Seite ausgewichen. Nachdem der Schlag des Gegners an unserem Kopf (Abb. 80 und 81) vorbeigegangen ist, geraten wir in eine günstige Position, aus der ein Seitwärts-Ellbogenstoß (Abb. 82) angebracht werden kann. Dabei soll hervorgehoben werden, daß die Ausweichbewegung sowie der Ellbogen-Gegenstoß in einem Zug (ohne Anhalten) durchgeführt werden.
Noch eine Technik, die bei einem nahen Abstand geführt wird, kann erfolgreich gegen eine Gerade angewendet werden: Die Abb. 83-84 zeigen die Abwehr einer Geraden mit einem Kniegegenstoß.

Abb. 83/84

Abb. 83/84: Im dem Augenblick, in dem der Gegner seinen Angriff beginnt, setzen wir uns in Vorwärtsbewegung, wobei die Gerade mit einer Armbewegung von innen nach außen (Armblock nach außen) zurückgeschlagen wird.
Der Abwehr der Geraden auf der Abb. 85 liegt das gleiche Prinzip zugrunde, nur wird hier ein Block von außen nach innen (Armblock nach innen) eingesetzt.
Angriffe mit einer Geraden können auch erfolgreich mit Fußtritten abgestoppt werden. Diese Abwehrart ist einigermaßen sicher, da Fußtritte mit einem weiteren Abstand ausgeteilt werden und wir so außerhalb der Reichweite der Geraden bleiben. Besonders wichtig ist es, **im richtigen Augenblick zu reagieren!** Sollten wir zögern, so kann uns der gegnerische Schlag treffen, wenn wir den Fuß hoch in der Luft haben, was sehr gefährlich sein kann.
Die Abb. 86/87 zeigen das Abstoppen einer Geraden durch einen gedrehten Tritt. Die (vordere) rechte Gerade des Gegners wird mit der rechten Handfläche und einem gleichzeitigen gedrehten Fußtritt zum Körper abgewehrt. Der linke Arm muß in Kopfhöhe des Gegners geradeaus gestreckt sein, um von ihm einen sicheren Abstand zu halten.
Die Gerade kann auch durch einen Vorwärtsfußtritt (Abb. 88) abgestoppt werden. In dem Moment, in dem sich der Gegner zum Schlagen konzentriert, führen wir einen Vorwärtstritt mit dem vorderen Bein aus dieser Stellung aus. Am besten ist es, den Tritt auf den Solar-Plexus oder den Bauch des Gegners zu richten. **Die Hände müssen den Kopf und den Körper schützen,** da man nicht immer damit rechnen kann, daß der Gegner mit nur einem Tritt gestoppt wird, denn einige Boxer vermögen auch sehr harte Fußtritte zu verdauen. Immerhin werden den Gegner einige gut plazierte Tritte mit großer Wahrscheinlichkeit dazu zwingen, zur Verteidigung überzugehen oder vorsichtiger anzugreifen.

Abb. 85

Abb. 86

Abb. 87

Abb.88

Wenn der Angriff des Gegners mit dem Vorwärtsfußtritt abgestoppt wird, müssen wir darauf achten, daß der Tritt rechtzeitig ausgeführt wird. Der vorzeitige oder verspätete Tritt kann gefährlicher für den sein, der ihn ausführt, als für seinen Kontrahenten. Sobald der Tritt sein Ziel getroffen hat, muß das treffende Bein **sofort** zurückgezogen werden, damit uns der Gegner an diesem Bein nicht packt. Wenn wir mit dem Fußballen zutreten, so müssen die Zehen möglichst zum eigenen Körper gebeugt werden, um sie vor Verletzungen zu schützen.

Die Abwehr des Ellbogenstoßes

Der Ellbogenstoß ist eine der gefährlichsten, bei nahem Abstand geführten Techniken. Die größte Anzahl von Verletzungen beim Thai-Boxen rührt gerade von diesen Stößen her. Deshalb widmen die Thai-Boxer der Verteidigung gegen Ellbogenstöße große Aufmerksamkeit. Dem Ellbogenstoß weicht man am leichtesten durch Zurückgehen aus, wonach dann von einem sicheren Abstand aus der Gegenschlag mit einer der Fußtechniken zu führen ist. Es bestehen aber auch einige wirkungsvolle Verteidigungen für Fälle, wo kein Raum oder keine Zeit zum Zurückgehen vorhanden ist.
Im ersten Beispiel wird der Ellbogenstoß durch den doppelten Unterarmblock (Abb. 89) gestoppt, woran sich dann der Gegenkniestoß zum Körper des Gegners (Abb. 90) anschließt.

Abb. 89/90

Die Abb. 91-94 zeigen eine Abwehr des Ellbogenstoßes mit dem rechten Arm sowie den Gegenschlag mit einem Aufwärtshaken beziehungsweise mit dem linken Ellbogen.
Die Möglichkeit eines Ellbogenangriffs ist einer der Gründe, warum die Arme immer vor dem Kopf zu halten sind. Nachdem wir den Stoß zurückgeschlagen haben, führen wir den Gegenschlag mit einem Aufwärtshaken oder einem

Abb. 91

Abb. 92

Seitwärtsellenbogenstoß (Sook Throng) aus. Auch wenn der Gegner ausgewichen ist, können wir ihn noch immer mit dem Ellbogen treffen, während die Hand den gleichen Weg zurückgeht.
Die übrigen Ellbogenstöße: Der Ellbogenstoß nach unten und der Ellbogenstoß nach oben werden von den Thailändern „Sook Lon" beziehungsweise „Sook Khun" genannt.

Abb. 94

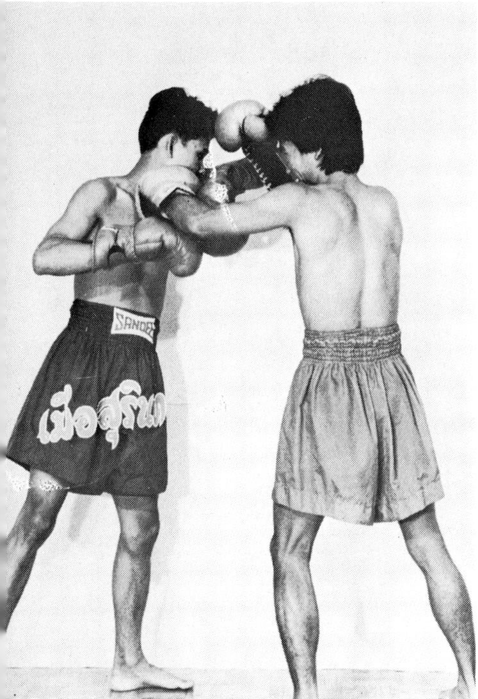

Abb. 93

Die Abwehr des Vorwärtsfußtritts

Der Abwehrtaktik des Vorwärtsfußtritts liegen vor allem der Block oder das Abfangen des gegnerischen Beins sowie das Zurückweichen zugrunde.
Auf den Abb. 96-98 wird der rechte Vorwärtsfußtritt durch eine Bewegung der linken Hand nach unten und zur Seite (Handblock nach unten) blockiert. Bei einem Block ist es wichtig, nicht nur den Tritt des Gegners abzustoppen, sondern auch dessen Bein seitwärts abzulenken, um ihn aus dem Gleichgewicht zu bringen. Unverzüglich nach dem Block versetzen wir einen tiefen Drehtritt zum Bein des Gegners. **Zur Ausführung des Gegenschlages muß der Augenblick gewählt werden, wo das Gleichgewicht des Gegners gestört ist.**
Das nachstehende Beispiel (Abb. 99/100) zeigt das Abfangen des Vorwärtsfußtritts sowie einen Gegenkniestoß zum Körper. Nach dem Ausweichen zur Seite (siehe Zeichnung 10 im Kapitel ,,Kampfstellung und Bewegung'') erfassen wir mit der linken Hand das Bein des Gegners und halten es nah an unserem Körper (Abb. 99) fest, damit sich der Gegner nicht befreien kann. Mit der rechten Hand erfassen wir ihn am Genick und teilen unter heftigem Herunter- und Seitwärtsreißen seines Oberkörpers einen Konterkniestoß (Abb. 100) aus.

Abb. 96

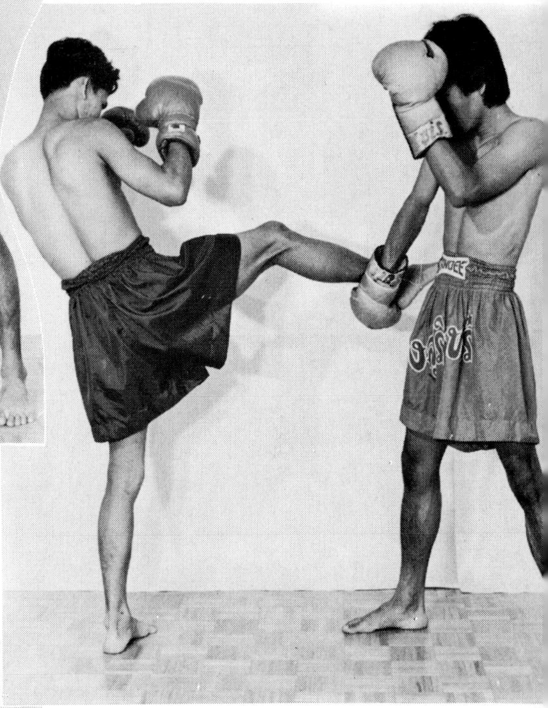

Abb. 97

Abb. 98

Abb. 99

Abb. 100

Die Abwehr des Kniestoßes

Der Nahkampf unter Anwendung der Kniestöße stellt beim Thai-Boxen eine besondere Kunst dar. Es gibt kaum einen Wettkampf, in dem nicht zu sehen ist, daß die Boxkämpfer, sich gegenseitig haltend, Kniestoßserien wechseln. Wer sich nicht persönlich überzeugt hat, ahnt nicht, wieviel Anstrengung eine solche Kampfart beansprucht. Manchmal verbringen die Boxer sogar eine ganze Runde im Nahkampf, nur miteinander Kniestöße wechselnd.
Es wird eine ganze Reihe von Abwehrtechniken gegen Kniestöße durch Block, zur Befreiung aus der Umklammerung, bzw. zum Ausweichen, bis zu verschiedenen Wurfarten geübt. Eine große Rolle in dieser Kampfart spielen ohnehin das Stoßen oder Ziehen des Gegners zwecks Einnahme einer möglichst günstigen eigenen Position und der Störung des gegnerischen Gleichgewichts. Die Taktik, die oft bei der Verteidigung gegen den Kniestoß ihre Anwendung findet, ist, daß wir dicht an den Gegner herangehen, damit er keinen Raum zum Schlagen hat.
Den Abb. 101 und 102 sind zwei Blockarten eines Kniestoßes zu entnehmen. Abb. 101: Block durch Hochreißen des Schienbeines von innen nach außen (Schienbeinblock nach außen). Auf der Abb. 102 wird das Knie durch eine Schienbeinbewegung von außen nach innen (Schienbeinblock nach innen) abgestoppt. In einigen Fällen kann der Kniestoß mit dem Ellbogen oder Unterarm blockiert werden, wobei zu berücksichtigen ist, daß solche Stöße (Abb. 103) sehr hart und daher schwer anzuhalten sind. Die Abb. 104 zeigt den Schienbeinblock in einem echten Kampf.

Abb. 101/102

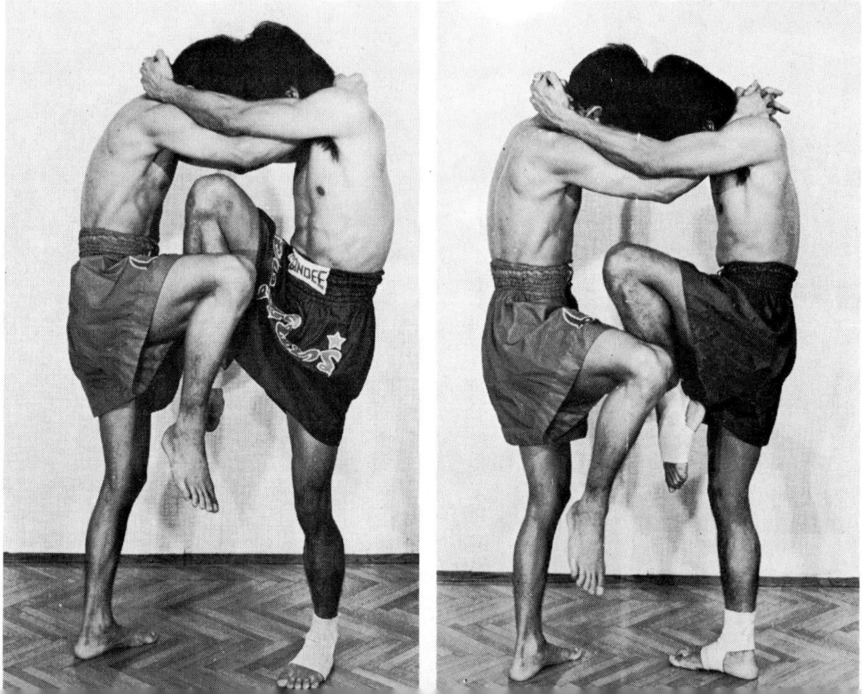

Der Kniestoß wird mit Armblock (Abb. 103 - oben) und mit dem Schienbein (Abb. 104 - unten) abgestoppt.

Der Schienbeinblock wird von den Thailändern „Buok" oder „Kaak" genannt. Die Abb. 105-109 stellen eine Befreiungstechnik aus der Umklammerung dar. Sie besteht aus dem Umgreifen der Hände, der „Umarmung" des Gegners und einer anschließender Befreiung mit einer ruckartigen Bewegung der Ellbogen nach außen und zur Seite.

Abb. 105 — Der Gegner umfaßt unseren Hals. Indem wir darauf achten, keinen Kniestoß zu erhalten, bringen wir zunächst einen und dann den anderen Arm zwischen die Umklammerung des Gegners (Abb. 106/107). Jetzt sind wir überlegen! Mit einem heftigen Ruck machen wir uns aus der Umklammerung frei und bringen den Gegner aus dem Gleichgewicht (Abb. 109). Wenn der erste Versuch fehl schlägt, versuchen wir sofort, die Umklammerung durch einen Ruck zur anderen Seite zu lockern.
In einem Augenblick, wo uns der Gegner noch nicht fest ergriffen hat, besteht die Möglichkeit, die Umklammerung abzuwehren und dem Schlag auszuweichen, indem wir den Gegner kräftig von uns wegstoßen (Abb. 110).

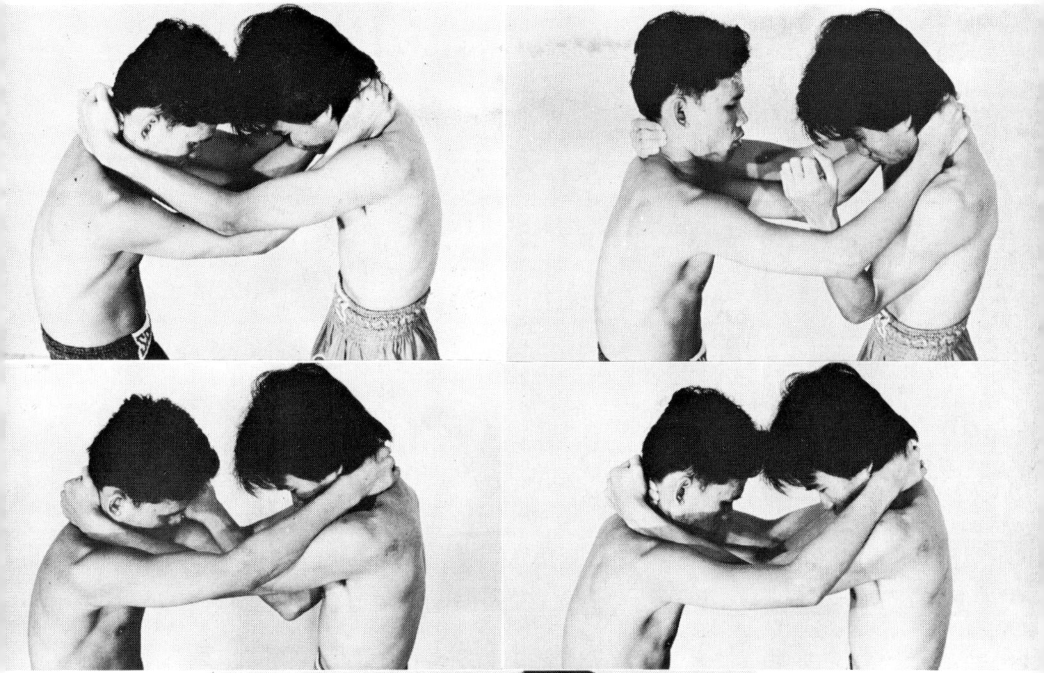

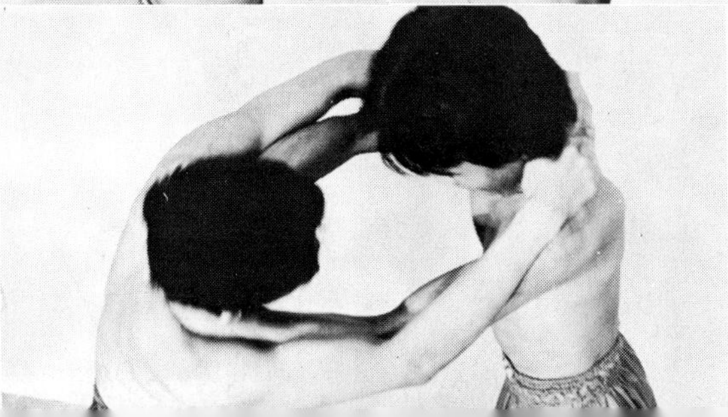

Abb. 105-109

Vorwärtskniestöße ohne Umklammerung werden gewöhnlich durch Zurückziehen oder Seitwärtsausweichen (Abb. 111) unterlaufen, wonach dann der Gegenangriff (meist mit Handtechniken) erfolgt.
Eine ähnliche Abwehrart, jedoch mit einem Unterarmblock, ist aus der Abb. 112 zu ersehen. Der Gegenangriff mit einer Geraden kann dann zum Körper oder Kopf des Gegners geführt werden.
Eine besondere Abwehrgruppe gegen die Kniestöße bilden verschiedene Wurftechniken. Im ersten Beispiel (Abb. 113-118) wird der Kniestoß mit dem Unterarm oder dem Ellbogen (Abb. 115) gestoppt. Danach packen wir unverzüglich mit einem Arm das Bein des Gegners, während wir ihn mit dem anderen Arm im Halsbereich (Abb. 116) halten. Es folgen ein Seitwärtsschritt und der Wurf mit einem heftigen halbkreisförmigen Ruck nach unten (Abb. 117 und 118).
Im folgenden Beispiel weichen wir dem Kniestoß durch eine Körperdrehung nach rechts (Abb. 122) aus, indem wir die Gelegenheit nutzen, bevor der Gegner sein Bein zum Boden zurückgebracht hat. Wir bringen ihn mit einem plötzlichen Ruck aus dem Gleichgewicht und werfen ihn zu Boden. Von ausschlaggebender Wichtigkeit ist es, daß wir den Gegner zu Anfang fest am Hals halten (Abb. 120-125).

Abb. 110

Abb. 111

Abb. 112

Abb. 113

Abb. 114

Abb. 115

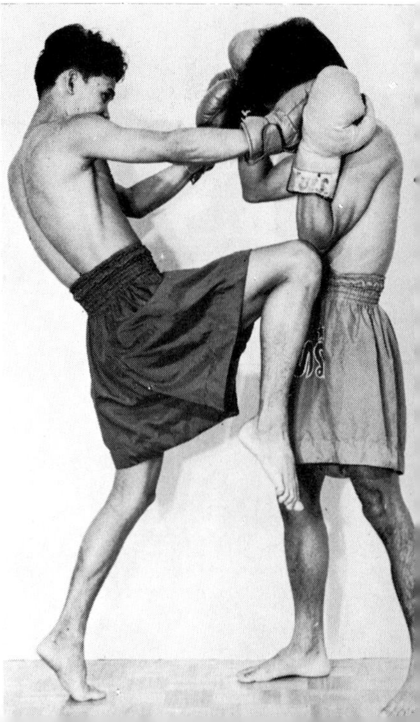

Auch Würfe sind ein Bestandteil des Repertoires der Thai-Boxer und können in fast jedem Wettkampf beobachtet werden. Die auf den Abbildungen gezeigte Wurftechnik (Tum) ist eine der am meisten angewandten. Der Ausfallschritt sowie ein heftiger Halbkreisruck werden in einem Zug ausgeführt.

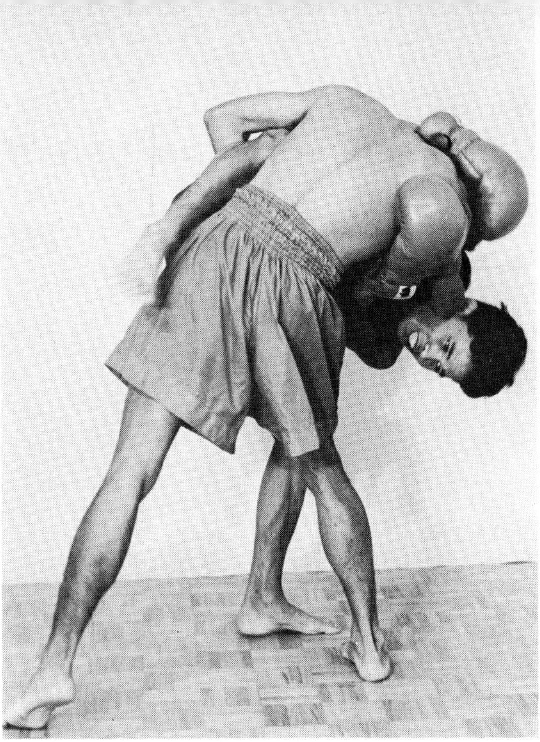

Abb. 117 (von hinten fotografiert)

Abb. 116

Abb. 118 (von hinten fotografiert)

Das nebenstehende Bild (119) zeigt die gleiche Aktion wie die Abb. 116 ist jedoch diesmal eine Szene aus einem echten Wettkampf. Das Bein ist fest ergriffen und der linke Boxer wird sich bald auf dem Boden befinden.

Unten und rechte Seite:
Sechs Phasen einer Wurfabwehr mit Seitwärtsausweichen. Die entscheidenden Momente sind das Ausweichen (Abb. 122) und die Anfangsphase des Wurfes (Abb. 123).

Abb. 120

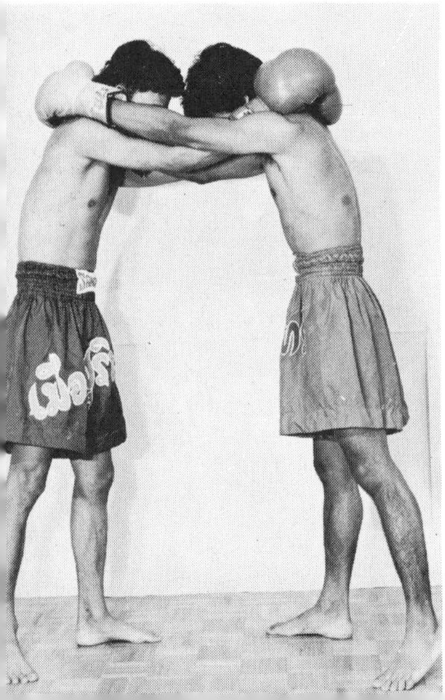

Abb. 121

Abb. 122

Abb. 125

Abb. 124

Abb. 123

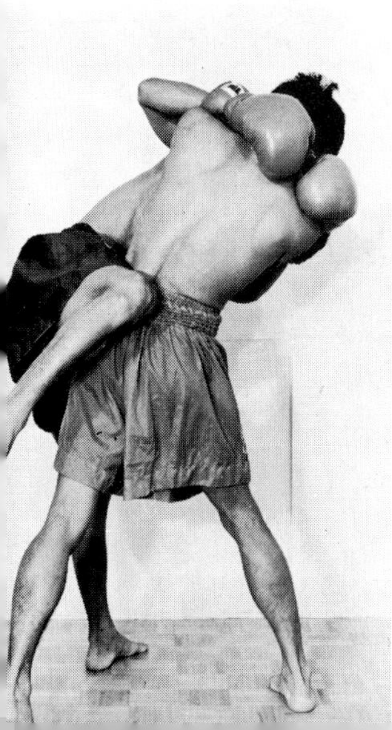

Abb. 126/127

Abb. 12

Die Abwehr von Drehtritten

Schon früher haben wir erwähnt, daß der Drehtritt die härteste und am meisten angewandte Fußtechnik beim Thai-Boxen ist. Demzufolge ist es einleuchtend, daß auch viele Abwehrarten gegen einen Drehtritt geübt werden. Ein gedrehter Fußtritt kann auf mehrere Weise abgestoppt werden: Im Thai-Boxen wird oft der Schienbeinblock angewendet. Zwei Arten, wie dieser Block zustande kommen kann, sind den Abb. 126 und 127 zu entnehmen. Die Abb. 126 zeigt den Block durch eine Bewegung des Schienbeines nach außen, während die Abb. 127 den Block durch die Bewegung des Schienbeins nach innen darstellt. Beide Arten sind gleichermaßen wirksam. Ihre Anwendung hängt von der Kampfsituation ab. Um diese Blockart erfolgreich anwenden zu können, ist es erforderlich, die Schienbeine regelmäßig durch Training am Sandsack abzuhärten und zu stärken. Bei der Ausführung des Blocks sollen die Hände in Kopfhöhe gehalten werden, so daß sie, zusammen mit dem Schienbein, eine Sperre bilden, durch die der gedrehte Tritt nicht dringen kann. Der hohe Drehtritt wird gewöhnlich mit dem Unterarm (Abb. 129) abgestoppt oder man weicht ihm durch Seitwärts- oder Zurückgehen aus. Die größte Kunst ist es jedoch, dem Tritt mit einem eigenen Angriff zuvorzukommen.
Die Abb. 128 zeigt eine Szene aus einem Wettkampf: Der gedrehte Tritt wurde mit dem Schienbein abgewehrt.

Abb. 129

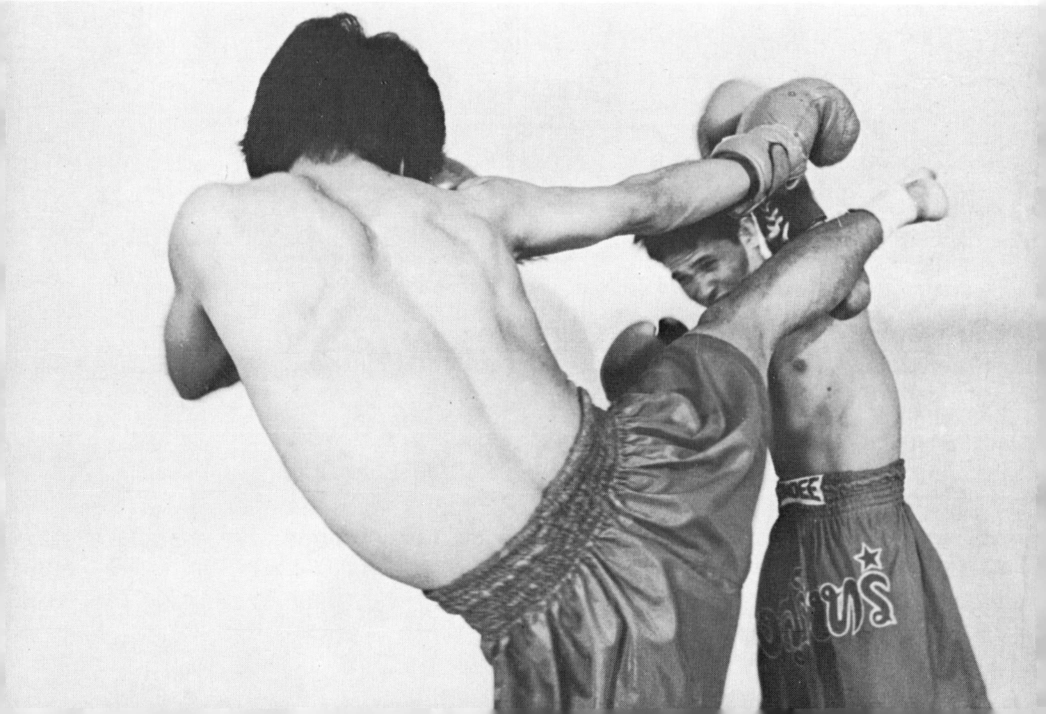

Abb. 130

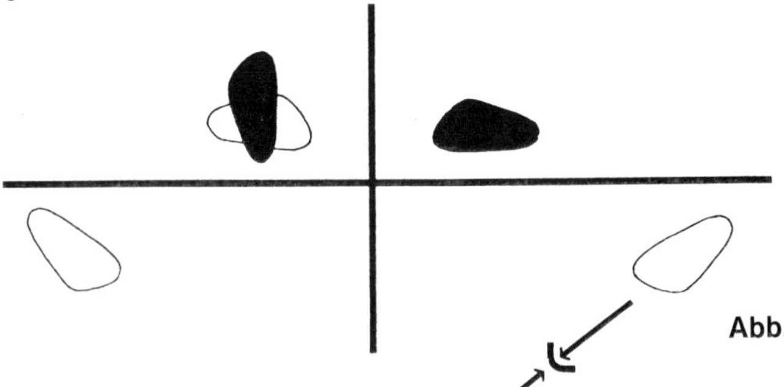

Abb. 131

Die Abb. 130 und 132 stellen eine der Abwehrarten des Drehtritts unter Anwendung des Schienbeinblocks nach außen dar. Der Tritt wird durch die Bewegung des linken Schienbeins nach außen (Abb. 130 und 131) gestoppt, wonach wir dann (nachdem mit demselben Fuß ein Ausfallschritt gemacht wurde) einen Gegentritt zum Kopf des Gegners (Abb. 132 und 133) versetzen.

Abb. 132

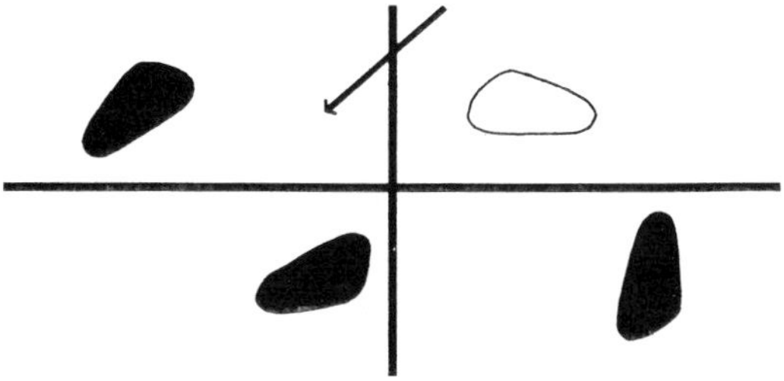

Abb. 133

Abb. 134

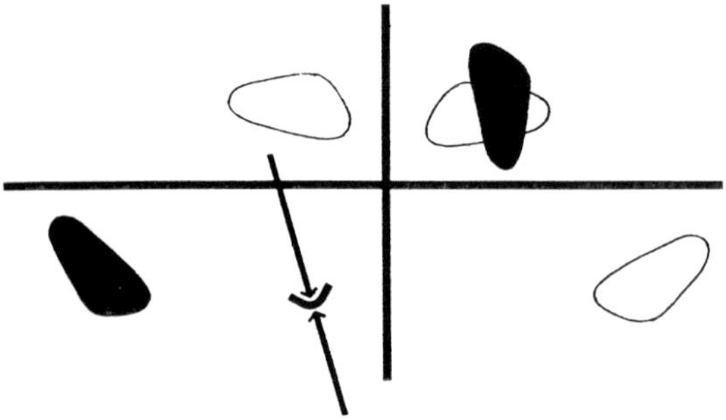

Abb. 135

Auf den Abb. 134/136 wird eine ähnliche Abwehrart des Drehtritts dargestellt, diesmal aber unter Anwendung des Schienbeinblocks nach innen. Mit einer ruckartigen Schienbeinbewegung nach innen stoppen wir den Tritt des Gegners ab, senken sofort danach das blockierende Bein zu Boden, machen einen kleinen Seitwärts- und Vorwärts-Ausfallschritt und teilen einen Kontertritt zum Körper des Gegners (Abb. 136 — siehe auch Zeichnungen 135/137) aus. Der Abb. 138 ist eine verhältnismäßig einfache Abwehrtechnik mit dem Unterarm gegen den Drehtritt, bei gleichzeitiger Führung einer Geraden mit der an-

Abb. 136

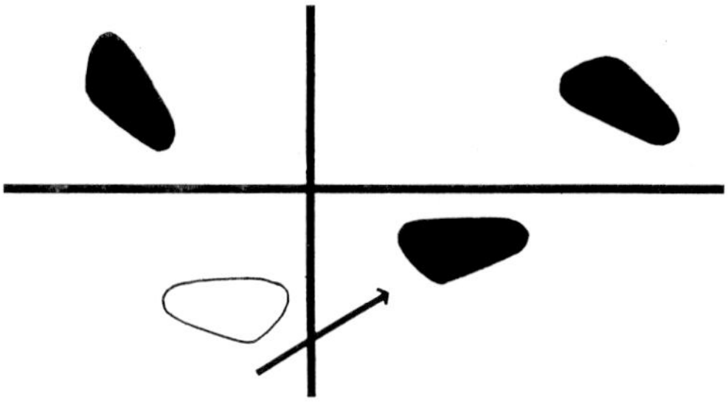

Abb. 137

deren Faust zum Körper oder Kopf des Gegners zu entnehmen. Dabei ist es wichtig, im richtigen Augenblick einen kleinen Ausfallschritt mit dem vorderen Bein nach vorne zu machen und den Drehtritt abzustoppen, bevor er seine volle Kraft erreichen konnte. Gleichzeitig nähern wir uns auf eine solche Distanz, daß mit einer Geraden nachgesetzt werden kann. In einem echten Kampf wäre es ein Fehler, nach einem erfolgreich geführten Konterschlag die eigene Schlagserie nicht fortzusetzen.

Abb. 138

Wie wir bereits erwähnt haben, können wir einem gedrehten Tritt durch Zurückgehen (Abb. 139) ausweichen. Sobald der Tritt des Gegners an uns vorbeigegangen ist, müssen wir einen Gegenfußtritt zum Kopf oder Körper des Gegners (Abb. 140) abfeuern. Dabei ist darauf zu achten, daß wir uns beim Zurückgehen **nicht zu sehr vom Gegner entfernen**, da es uns in diesem Falle nicht mehr gelingt, einen eigenen Drehtritt auszuführen.
Abb. 141/142 — Hier wird eine der Besonderheiten des Thai-Boxens gezeigt. Diese Technik kann nur bei Kämpfen besttrainierter Kämpfer angewendet werden. Der Gegner greift mit einem Drehtritt zum Kopf an. Zur gleichen Zeit bewegen wir bei dem Angriff den linken Fuß ein wenig seitwärts und treten ohne Block mit dem rechten Schienbein zum Bein des Gegners. **Von größter Wichtigkeit ist es, schneller als der Gegner zu sein, d.h. den Augenblick vorauszufühlen, in dem wir angegriffen werden.** Ein richtig geführter Konterschlag sollte den Gegner zu Boden bringen.
Eine ähnliche Abwehr, jedoch mit Unterarmblock, wird vom Trainer Dentroni Muangsurin vorgeführt: Der Fußtritt wird zunächst abgestoppt (Abb. 143), wonach wir dann (bevor der Gegner seinen Fuß zurückgezogen hat) einen Gegentritt zum Oberschenkel des Standbeins des Gegners (Abb. 144) ausführen.
Aus der Abb. 145 ist eine Szene aus einem Wettkampf zu ersehen — ein tadellos geführter Kontertritt zum Oberschenkel des Gegners. Auf den Abb. 146-

Abb. 139/140

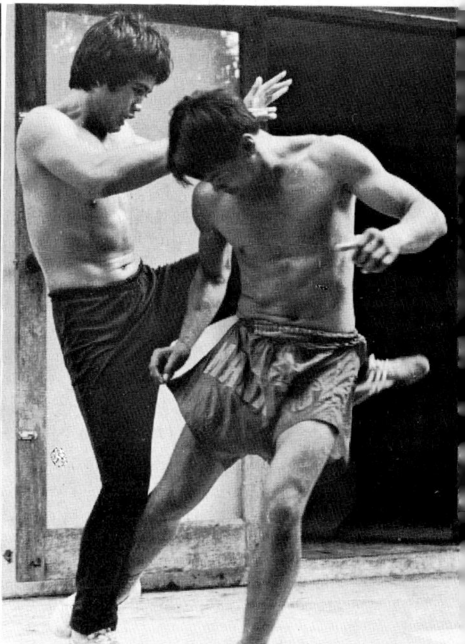

Abb. 141/142

Abb. 143/144

149 führt der Autor dieses Buches eine weitere Abwehrart des gedrehten Fußtritts vor. Der Tritt wird, wie auch beim vorangegangenen Beispiel, zunächst blockiert, woran sich dann der Kontertritt zum Oberschenkel (Abb. 149) anschließt. Die Hände werden vor dem Kopf gehalten, wodurch der Schutz vor möglichen Faustschlägen gegeben ist.

Abb. 145

b. 146

b. 147

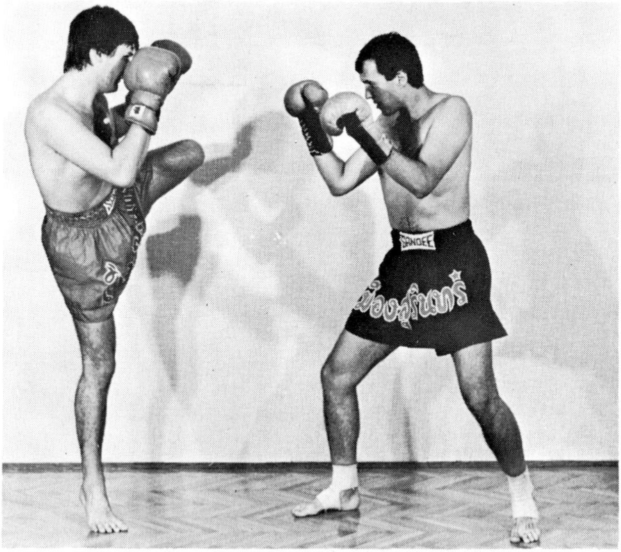

b. 148

Abb. 149

Abb. 150

Abb. 151

Im Ring benutzen Boxer, denen es gelingt, das Bein des Kontrahenten zu fassen, oft folgende Taktik: Während sie das gepackte Bein dicht am eigenen Körper halten, stoßen sie den Kontrahenten gegen die Ringseile, wobei sie dann ihren Gegenangriff mit einer Kniestoßserie beginnen.

Abb. 152/153

Wenn die Fußtritte des Gegners zu langsam sind, bietet sich uns die Gelegenheit, dessen Bein abzufangen und ihn hierdurch in eine sehr ungünstige Lage zu bringen.

Nachdem wir das Bein des Gegners (Abb. 150) erfaßt haben, führen wir einen linken Konterkniestoß zu seinem Körper aus, wobei er mit unserer linken Hand (Abb. 151) gehalten wird. Das den Stoß führende Knie muß sofort zurück-

Abb. 154

gezogen werden, um den nachfolgenden Stoß austeilen zu können und um den Gegner davon abzuhalten, daß er unser Bein abfängt.
Auf der Abb. 152 wurde der Fußtritt des Gegners blockiert und gleich danach sein Bein abgefangen. Es folgt der Kontertritt mit dem Schienbein zum Bein des Gegners (Abb. 153). Abb. 154 — Eine Szene aus einem Wettkampf: Der Boxer rechts hat das Bein des Kontrahenten erfaßt und ist zum Gegenangriff übergegangen.

Abb. 155

Abb. 156

Ein gedrehter Tritt kann auch mit einem gleichzeitigen Vorwärtsfußtritt (Abb. 155/156) gekontert werden. Im selben Augenblick, in dem der Gegner seinen Angriff beginnt, machen wir einen kleinen Sprung nach vorn und teilen einen Vorwärtstritt mit dem vorderen Fuß aus. Eine richtig ausgeführte Technik wird den Gegner meistens aus dem Gleichgewicht bringen, während er mit einem genügend harten Tritt sogar zu Boden gefegt werden kann.

Die Angriffskombinationen

Die Angriffskombination ist eine Einheit, die aus mehreren Angriffstechniken besteht, die ohne Abstoppen verwirklicht werden. **Die Angriffskombinationen müssen oft trainiert werden, damit wir uns daran gewöhnen, im Ring verschiedene Techniken zu einer Serie zu verbinden, die dem Gegner keine Zeit (weder zur Erholung vom vorangegangenen Schlag, noch zur Vorbereitung eines Gegenangriffs) läßt.** Es gibt sehr viele Angriffskombinationen. Jeder muß jedoch für sich selbst jene Kombinationen auswählen, die er nach den eigenen körperlichen Möglichkeiten und dem eigenen Temperament für die günstigsten hält. Einige Boxer kombinieren Faustschläge und Kniestöße, während andere den Fußtrittkombinationen den Vorzug geben. Es scheint am besten zu sein, daß man es der im Ring gemachten Erfahrung überläßt, welche Kombinationen man bevorzugt. In diesem Zusammenhang wird in diesem Kapitel nur die Rede von einigen Kombinationen sein, die dem Leser als Beispiel dienen und ihm eine Vorstellung davon geben sollen, was eine Angriffskombination ist. Ich möchte darauf aufmerksam machen, daß die beschriebenen Kombinationen nicht etwa auf theoretischen Überlegungen beruhen, sondern ihre Anwendbarkeit auch in der Praxis bestätigt haben. Beim Thai-Boxen wird keine Kombination gelehrt, **die sich nicht durch einen rigorosen Test im Ring bewährt hätte.**

Eine sehr populäre und oft gesehene Kombination ist der doppelte Drehfußtritt (Abb. 157-159). Das Wesentliche dieser Kombination liegt darin, daß unser erster Tritt zum Bein des Gegners ihn zum Gegenangriff herausfordert oder seine Konzentration beeinträchtigt. Der gedrehte Schienbeintritt zum Bein bewirkt bei fast jedem Menschen die unbewußte Herabsenkung der Hände, die auf den vorübergehenden Verlust des Gleichgewichtes zurückzuführen ist. Genau dieser Augenblick muß dazu genutzt werden, um den zweiten Drehtritt, diesmal zum Kopf oder Hals des Gegners (Abb. 159), abzufeuern. Die beiden Tritte müssen in einen Zug (ohne Unterbrechung) ausgeführt werden. Es ist unbedingt ein einwandfreies eigenes Gleichgewicht notwendig. Während der Ausführung des Fußtritts muß man darauf achtgeben, daß der Kopf mit den Händen gedeckt ist, da uns in einer Stellung, wo wir ein Bein in der Luft hochhalten, auch der schwächste Tritt zum Sturz bringen kann. Sollte der Gegner

Abb. 157

seine Hände nicht herabsenken, können wir ihn nochmals am Bein treffen. In Thailand kann sehr oft beobachtet werden, wie ein Boxer eine Serie von vier oder sogar fünf aufeinanderfolgenden Drehtritten mit demselben Bein, und zwar im Laufe von wenigen Sekunden austeilt.

Abb. 158/159

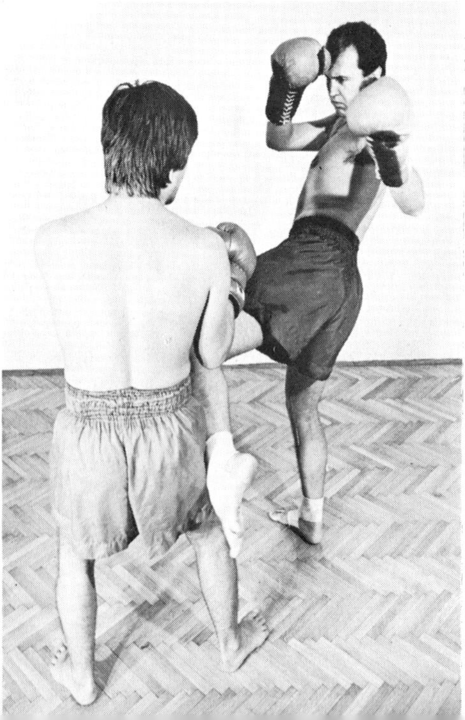

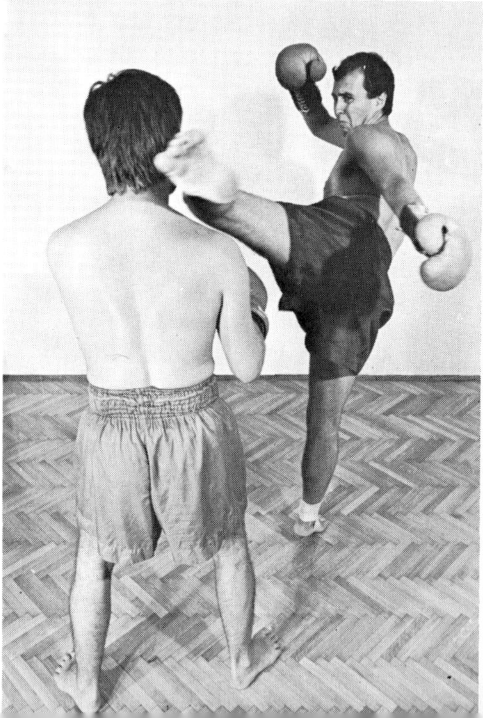

Eine andere, auch oft gesehene und sehr einfache Kombination besteht aus einer vorderen Geraden und einem Drehtritt mit dem hinteren Fuß (Abb. 160/161).
Im Ring können wir den Gegner beispielsweise mit einer vorderen Geraden erschrecken. In dem Moment, wo die Aufmerksamkeit unseres Gegners nachläßt, setzen wir nach der Geraden blitzschnell mit einem gedrehten Schienbeintritt nach. Dabei kann uns auch eine unbewußte Reaktion des Gegners von Nutzen sein, und zwar folgende: Jemand, der einen Schlag zum Kopf erhält, hebt die Hände hoch, um sich vor weiteren Schlägen zu schützen, wobei er seinen Körper ungedeckt läßt.

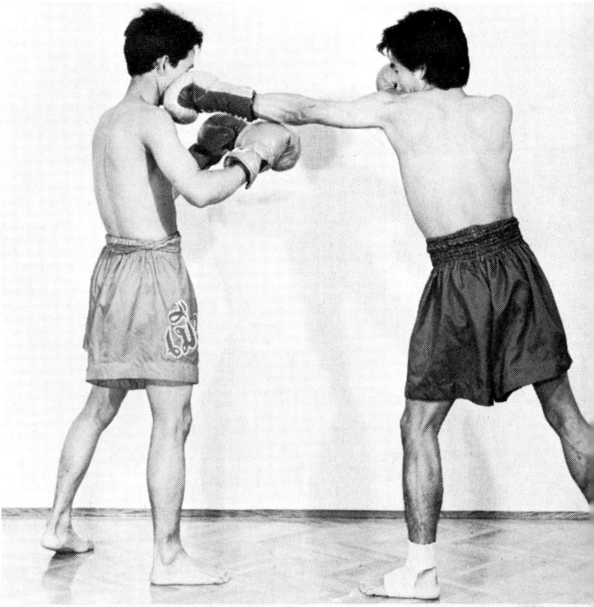

Abb. 160

Die wichtigste Rolle bei der praktischen Anwendung dieser Kombination spielt die Geschwindigkeit der Ausführung. Der erste Tritt erschüttert den Gegner, der nächste trifft ihn am Kopf. Der Fuß wird nach dem ersten Tritt zum Boden zurückgeführt, da es für den nächsten Tritt wesentlich ist, sich tüchtig vom Boden abzustoßen (siehe der sogenannte „Start").
Eine Kombination, die sehr oft in Wettkämpfen beobachtet werden kann, besteht aus einer Geraden und einem gedrehten Schienbeintritt (Der Schienbeintritt wird beim Thai-Boxen als Endtechnik angesehen, obwohl er in ähnlichen Kampfsporten kaum bekannt ist). Nach der Geraden wird der Schienbeintritt mit einem kleinen Ausfallschritt (nach seitwärts und vorwärts) mit dem rechten Fuß geführt. Für das Thai-Boxen ist es kennzeichnend, daß fast alle Beintechniken mit einem kleinen Ausfallschritt ausgeführt werden, wodurch man an Trittkraft gewinnt.

Abb. 161

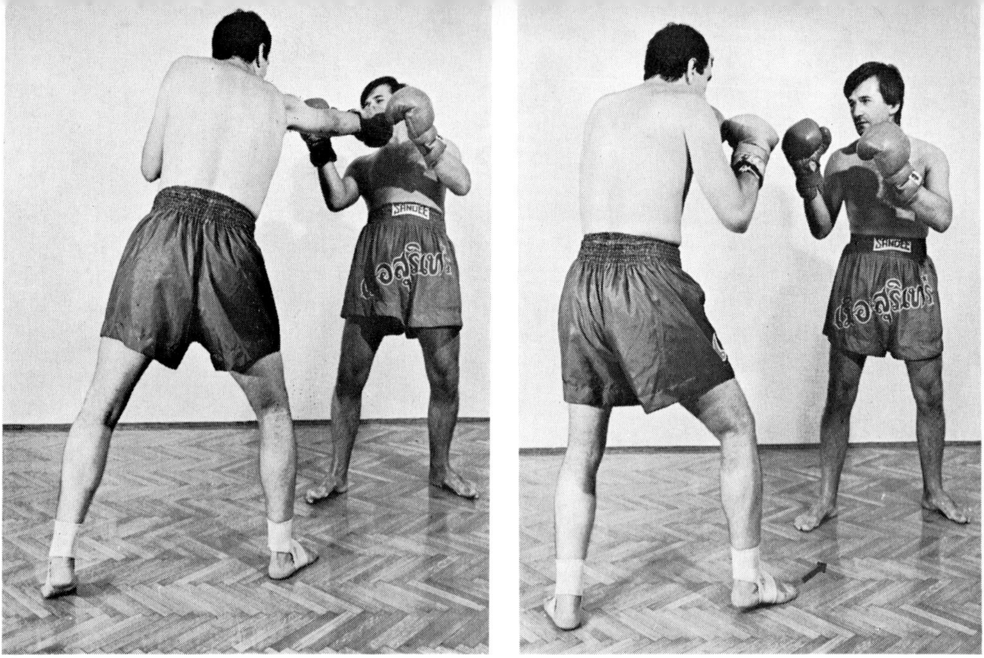

Abb. 162/163

Eine ähnliche Kombination ist aus den Abb. 162-165 ersichtlich. Diesmal greifen wir den Gegner mit zwei schnellen Geraden, zunächst mit der rechten (vorderen) Geraden und dann, mit der linken (hinteren) Geraden an. Nachdem der Kontrahent einen Gegenangriff vorzunehmen versucht hat, weichen wir mit dem linken Fuß ein wenig zur Seite aus und führen gleichzeitig einen Drehtritt mit dem rechten Schienbein (Abb. 165) zum Körper des Kontrahenten.

Abb. 164/165

Abb. 166

Die Abbildungen 166/167 zeigen noch eine verhältnismäßig einfache Kombination, die aus zwei Beintechniken besteht. Der Gegner wird einige Zeit durch (mit dem vorderen Fuß geführte) Vorwärtstritte verunsichert. In einem günstigen Augenblick (wenn die Aufmerksamkeit des Gegners nachläßt oder wenn er sich zum Gegenangriff entscheidet), und sofort anschließend an einen Vorwärtsfußtritt, setzen wir den rechten Fuß etwas seitwärts, heben uns mit dem linken Fuß ruckartig vom Boden ab und versetzen einen gedrehten Schienbeintritt zum Körper des Kontrahenten. Dabei ist die Armhaltung während der Trittführung (Abb. 167) zu beachten.

Abb. 167

Abb. 168

Abb. 169/170

Eine kurze aber sehr wirksame Kombination ist den Abb. 168-170 zu entnehmen. Wie auch bei den vorangegangenen Kombinationen treffen wir den Gegner mit einem Vorwärtstritt des vorderen Fußes. Wenn er versucht, den Gegenangriff vorzunehmen, versetzen wir ihm einen linken Kniestoß bei gleichzeitiger Abwehr seines Faustschlages. Zur Verstärkung der Trittkraft trägt der Gegner selbst bei, indem er an unser Knie „heranstürzt".

Die Trainingsmethoden

Zur Einübung der Grundtechniken, sowie der Angriffs- und Abwehrkombinationen wird eine bestimmte Ausrüstung benötigt. Dazu gehören Sandsack, Schlagpolster, Schutzausrüstung (Kopfschutz, Mundschutz, Bandagen, Gelenkschützer und Tiefschutz), ferner Sparrings-Handschuhe, leichte Sandsack-Handschuhe, kurze Hose oder Trainingsanzug sowie Hanteln mit verschiedenen Gewichten. Die Grundausrüstung ist aus der Abb. 171 ersichtlich. Obwohl Thai-Boxen auch ohne die genannte Ausrüstung trainiert werden kann, ist es doch empfehlenswert, sich diese allmählich anzuschaffen, damit die Schläge bzw. Tritte sowohl beim Training als auch im Kampf mit voller Kraft und ohne Abstoppen ausgeteilt werden können. Außerdem erwirbt man sich auf solche Weise am besten eine Gefühl für Abstand und Schlagkraft. Ein realistisches Training ermöglicht gleichzeitig einen rascheren Fortschritt. Anfänger bestreiten ihren ersten Kampf bereits nach einigen Trainingsmonaten!

In Thailand trainieren die Boxer zweimal täglich, früh am Morgen und spät am Nachmittag oder gegen Abend. Ein durchschnittliches Training dauert etwa zwei Stunden. Vor dem Training läuft man gewöhnlich einige Kilometer, so daß danach kein besonderes Aufwärmen erforderlich ist. Ein Training beginnt ohne besondere Begrüßungen und Verbeugungen. Der Trainer betätigt die Stoppuhr und gibt das Zeichen zum Anfang. Alle Techniken und Kombinationen werden auf die Dauer von einer Runde (3 Min.) geübt, wonach dann eine Ruhepause von einer Minute folgt. Im Laufe der letzten halben Minute einer Runde wird (auf Zeichen des Trainers) mit einem beschleunigten Tempo gearbeitet, damit die Boxer möglichst fit für die Anstrengungen sind, die sie im Laufe eines Wettkampfes erwarten. Zunächst wird einige Runden lang Schattenboxen oder Dtoi Lom, wie dies von den Thailändern genannt wird, betrieben. Das ist eigentlich ein Kampf mit einem imaginären Gegner (Abb. 172), in dem alle Tritte und Schläge, sowie Blocktechniken, die wir erlernt haben, eingesetzt werden. Die Übungen werden locker, aber schnell durchgeführt. Im Thai-Boxen ist die **Geschwindigkeit** ein wichtiger Faktor jeder Technik:

Ein langsamer Schlag ist kein Schlag,
sondern eine unnütze Energieverschwendung.

Nach dem Schattenboxen geht man zum Training von Angriffs- und Abwehrkombinationen über.

Abb. 171

Abb. 172

Abb. 171: Links oben die Schlagpolster (Pao), die zur Übung von Faustschlägen und Fußtritten aus der Bewegung vorgesehen sind, links unten die Sandsackhandschuhe. Oben sind die großen Sparringshandschuhe (16 Unzen), in der Mitte kurze Sporthosen, in denen die thailändischen Boxer kämpfen; unten der Tiefschutz und die Gelenkschützer zu sehen.

Für das Schattenboxen (Dtoi Lom) gibt es keine besonderen Regeln. Jeder trainiert auf seine eigene Art und Weise, indem verschiedene Techniken miteinander verbunden werden (Abb. 172). Beim Training ist nur ein Zischgeräusch hörbar, das durch das Ausatmen bei der Schlagführung entsteht.

Das Üben der Angriffs- und Abwehrkombinationen

Die Angriffskombinationen werden am besten mit einem Partner eingeübt, der die Schlagpolster hält. Der Angreifer führt einige miteinander verbundene Angriffe mit verschiedenen Schlägen bzw. Tritten aus, während sich sein Partner langsam zurückzieht. Die Kombinationen können aus mindestens zwei bis zu fünf oder sechs miteinander verbundenen Schlägen bzw. Tritten bestehen. **Das Ziel dieses Trainingsteils ist es, ein möglichst schnelles Verbinden der Schläge bzw. Tritte zu erlernen.** Die nachfolgende Reihe von Abbildungen bietet dem Leser eine klare Vorstellung davon, wie beim Thai-Boxen die Angriffskombinationen geübt werden. Dem ersten Beispiel ist die Einübung einer Kombination, bestehend aus zwei Geraden und einem gedrehten Fußtritt (Abb. 174-178), zu entnehmen. Aus der Ausgangsstellung werden die linke und rechte Gerade (Abb. 174/175) ausgeführt, wonach wir dann nach einem Ausfallschritt mit dem rechten Fuß nach vorn seitlich (Abb. 176) einen gedrehten Fußtritt mit dem linken Fuß (Abb. 177/178) austeilen (Die im Hintergrund stehenden Boxer wickeln sich ihre Bandagen, die sie während des Sandsacktrainings um die Hände tragen).

Abb. 173
Ein harter Vorwärtskniestoß als Endstoß einer blitzschnellen Kombination.

Abb. 174

Abb. 175

Dem Training beim Thai-Boxen liegt vor allem eine **individuelle** Arbeit zugrunde. Im Laufe des Trainings widmet der Trainer jedem Boxer einen Zeitabschnitt. Es gibt keine in Reih und Glied aufgestellten Sportler und keine Bewegungen nach zugerufenen Zahlen, wie in einigen ähnlichen Kampfsportarten. Alle Schüler beherzigen aber den Spruch:

„Wie du trainierst, so wirst du auch kämpfen"!

Abb. 176/177

Abb. 178

Abb. 179-181

Das nebenstehende Beispiel zeigt die Einübung einer Kombination, die aus einer Geraden und zwei Kniestößen (Abb. 179-181) besteht. Aus der Anfangsstellung führen wir eine Gerade mit der linken Faust (Abb. 179), gehen dann mit dem rechten Fuß vorwärts und stoßen (unter ruckartigem Abstoßen vom Boden) zunächst mit dem linken und unverzüglich danach mit dem rechten Knie (Abb. 180/181) zu.
Auf Seite 97 wird eine Kombination unter ausschließlicher Anwendung von Fußtechniken dargestellt: Nach einem Vorwärtsfußtritt (Abb. 182) senken wir schnell das Bein, das den Tritt geführt hat, zu Boden, um mit dem Fuß, auf dem wir gestanden haben, einen Schritt nach vorne und zur Seite auszuführen (Abb. 183). Es folgt ein gedrehter Fußtritt (Abb. 184). Die Kombination besteht also aus zwei mit demselben Fuß geführten Tritten, die in einer Bewegung abgefeuert werden.

Abb. 182/183

Abb. 184

Die **Abwehrkombinationen** werden so eingeübt, als ob wir von einem Partner mit einer der Trittarten (z. B. mit einem Drehtritt — Abb. 185) angegriffen werden, den wir abwehren, um danach einige serienmäßig kombinierte Schläge und Tritte zu versetzen. **Das Ziel des Abwehrkombinations-Trainings ist eine möglichst rasche Aufeinanderfolge von Blocks und Gegentritten bzw. -schlägen, daß heißt von Verteidigung und Gegenangriff.**
Nach etwa zehn Trainingsrunden mit verschiedenen Kombinationen gegen Schlagpolster (Abb. 186) geht man zur Einübung von Angriff und Verteidigung mit einem Partner über. Zuerst greift einer der Partner mit mehreren verschiedenen Schlägen und Tritten an, während sich der andere verteidigt, indem er möglichst verschiedenartige Techniken anwendet. In der nächsten Runde tauschen sie die Rollen. Da in die-

Abb. 185

Abb. 186

Abb. 187/188

sem Trainingsteil noch keine Schutzausrüstung eingesetzt wird, werden die Schläge nicht mit voller Kraft ausgeführt. Das Ziel ist eine weitere Vervollkommnung der Angriffs- und Abwehrtechnik mit dem Schwerpunkt auf der Bewegung im vorhandenen Raum. Nach einigen Trainingsrunden mit dem Partner geht man dann zu Sandsackübungen über.

Die Abbildungen 187-189 zeigen ein Beispiel für die Einübung von Angriff und Abwehr mit einem Partner. Der linke Boxer wehrt die Drehtritte ab, indem er diese mit seinem Schienbein blockiert, wonach er dann zum Gegenangriff übergeht. Anschließend werden die Rollen getauscht.

Abb. 189

Das Sandsacktraining

Einen wichtigen Trainingsteil bilden Übungen an Sandsäcken verschiedener Größen und Härten. Durch das Sandsacktraining wird nicht nur die Schlag- bzw. Trittkraft erhöht, sondern es werden auch unsere Fäuste, Schienbeine und Knie schlaghärter, wovon in den vorangegangenen Kapiteln schon die Rede war. Am Sandsack ist es auch möglich, kürzere Kombinationen, insbesondere Fausttechniken und Kniestöße zu üben. Bereits nach einem Monat kann ein sichtbarer Fortschritt bemerkt werden. **Unsere Schläge, Tritte und unser Körper werden merklich stärker, unsere Kombinationen präziser und unsere Ausdauer besser.** Bei der Einübung der Fausttechniken müssen die Fäuste und Handgelenke mit Bandagen umwickelt werden, um eventuelle Verletzungen durch falsch geführte Schläge zu vermeiden. Über den Fäusten werden leichte Handschuhe getragen, die für die Sandsackarbeit vorgesehen sind. Die Sandsackarbeit dauert mindestens 10 Runden.

Wenn man wirklich ernsthaft trainiert, ist dies sehr erschöpfend. Am Sandsack sollten alle Grundtechniken sowie deren Kombinationen absolviert werden.

Hier werden einige Beispiele des Sandsacktrainings von Kombinationen gezeigt. Den Abb. 191-193 ist eine aus Fußtechniken bestehende Kombination zu entnehmen. Aus der Ausgangsstellung wird ein Vorwärtstritt mit dem vorderen (rechten) Fuß ausgeführt. Sofort danach setzen wir das Bein auf dem kürzesten Weg auf den Boden und teilen einen gedrehten Schienbeintritt mit dem linken Bein aus, woran sich dann noch ein rechter Kniestoß anschließt.

Abb. 190
Eine Spezialität der Spitzenboxer: Der gesprungene Kniestoß (Join Kao). Er wird beim Thai-Boxen für eine der gefährlichsten Techniken gehalten.

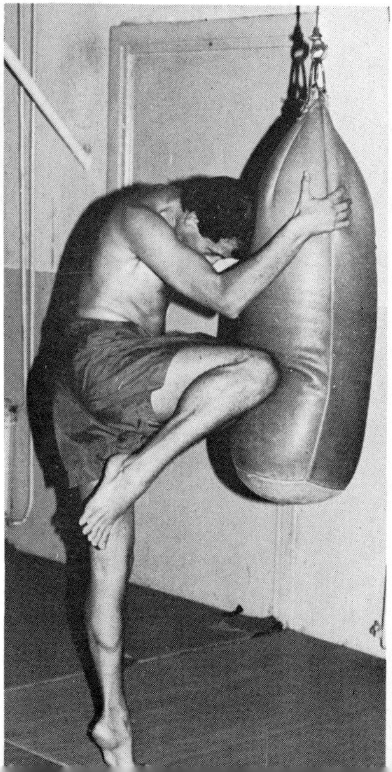

Abb. 191-193

Abb. 194

Abb. 195

Die Umklammerung (Diab Ko) und Serien der gedrehten Kniestöße (Kao) werden als ein untrennbarer Teil eines jeden Trainings angesehen. Die Stoßkraft wird durch den Schwung des ganzen Körpers bei gleichzeitiger Hüftdrehung erzeugt. Zwei bis drei Runden dieser Übung sind ein Minimum für jedes ernsthafte Training.

Abb. 197

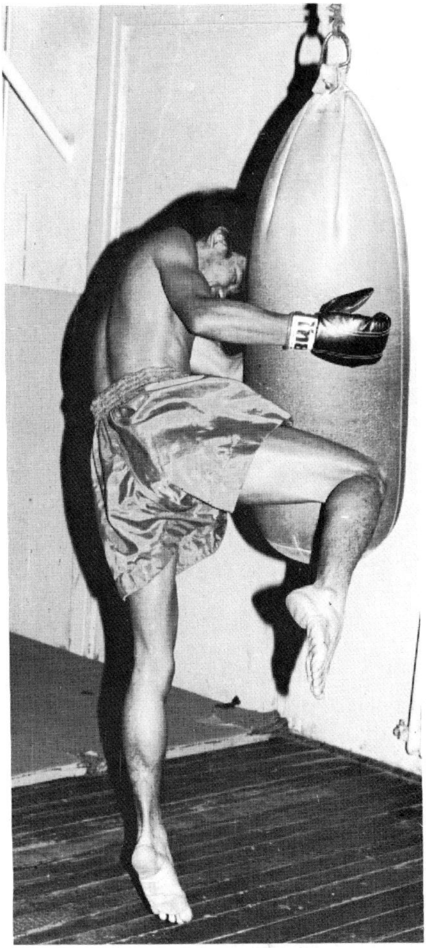

Abb. 196

Aus den Abb. 194-197 sind die Ausgangsstellung und eine Serie von zwei nacheinanderfolgenden, gedrehten Kniestößen zu ersehen. Die Umklammerung ist so auszuführen, daß wir die Ellbogen dicht an den Sandsack heranbringen.

Abb. 198/199

Aus der Abb. 199 ist der Vorwärtskniestoß mit Umklammerung ersichtlich. Beim Training werden etwa zehn oder mehr verschiedene Kniestöße hintereinander geübt. Es ist nicht außergewöhnlich, daß die Boxer auch noch mehr Runden nur mit dem Einüben von Kniestößen verbringen.

Der Kniekampf ist eine Disziplin, in der die Thai-Boxer unübertroffen sind; dies jedoch nicht ohne Grund. Am Training dieser Disziplin hängt viel Schweiß, bevor sich die Knie in eine echte Waffe verwandeln. Die Taktik einzelner Boxer liegt gerade darin, dem Gegner einen Nahkampf aufzuzwingen, wobei dann Knietechniken zur Anwendung kommen. Die Abbildungen (198/199) stellen das Einüben des Vorwärtskniestoßes dar.

Sparring und Krafttraining

Das Sparring (Kampftraining) ist ein Trainingsteil, dem beim Thai-Boxen größte Aufmerksamkeit gewidmet wird. Im Sparring werden die beim Training errungenen Kenntnisse angewendet, es werden Reflexe, Fitness, verschiedene Kombinationen und Gegenangriffe überprüft, und was am wichtigsten ist, es wird ein eigener Kampfstil entwickelt. Deshalb können irgendwelche anderen Übungen das Sparring **nicht** ersetzen. Während des Sparrings tragen die Boxer eine Schutzausrüstung, um die Gefahr von Verletzungen auf ein Minimum zu verringern. Es ist sehr wichtig, daß wir während des Sparrings von unserem Trainer oder einem erfahreneren Boxer beobachtet werden, damit er uns auf etwa begangene Fehler hinweist.

Beim Thai-Boxen gibt es verschiedene Sparringsarten, die nach den jeweils angewandten Techniken unterschieden werden: Faustsparring, Kniesparring und freies Sparring.

Bevor die Grundtechniken nicht beherrscht werden, wozu man mindestens 3 bis 5 Monate intensiven Trainings benötigt, sollte man keine dieser Sparringsarten üben. Das Sparring wird von den Thailändern „Len Chen" genannt.

Abb. 200
Boxer aus der Muang-Surin-Schule während des Sparrings.

Abb. 201

Faustsparring

Darunter wird gewöhnliches Boxen verstanden, das zur Vervollkommnung der Fausttechniken (Abb. 201/202) dient. Die Muang-Surin-Schule ist durch ihre Kampfsportler, die die Fausttechniken außerordentlich gut beherrschen, in ganz Thailand berühmt. Im Sparring werden Handschuhe mit 16 Unzen benutzt. Beim Sparring sind alle Verbeugungen zu vermeiden, damit im echten Kampf kein Kniestoß bezogen wird. Große Aufmerksamkeit wird der Fußbewegung geschenkt, die nicht nur geradlinig sein darf. Der Boxer wird über Ausweichbewegungen nach allen Richtungen sowie über Angriffe aus allen Positionen belehrt. Die Schläge (und Tritte) sind serienmäßig zu kombinieren. Gerade durch die Bewegungsdynamik und den häufigen Positionswechsel unterscheidet sich das Thai-Boxen von Karate und Kung Fu, welche mehr oder weniger geradlinige Bewegungen und unmittelbare Zusammenstöße bevorzugen, und lehren, daß ein einziger Schlag kampfentscheidend sein soll.

Abb. 202

Kniesparring

Das Kniesparring dient als Nahkampfübung. Es sind nur Kniestöße sowie Fassen und Werfen des Kontrahenten zugelassen. Dies ist die anstrengendste Sparringsart, da sie viele ringkampfähnliche Griffe unter gleichzeitigem Kniestoßwechsel einschließt. Natürlich muß man unter der Hose einen Tiefschutz tragen. Es ist dabei sehr wichtig zu erlernen, sich der gegnerischen Kraft zu bedienen und diese in eine für uns günstige Richtung umleiten zu können. Hier wird auch die Befreiungstechnik aus verschiedenen Griffen, mit denen uns der Gegner in einer gefährlichen Lage hält, erlernt. Jeder thailändische Boxer verfügt über ein solides Repertoire solcher Techniken, die gerade bei diesem Trainingsteil eingeübt werden. Durch ein regelmäßiges Üben dieser Sparringsart erwirbt man auch viel Ausdauer (Abb. 203).

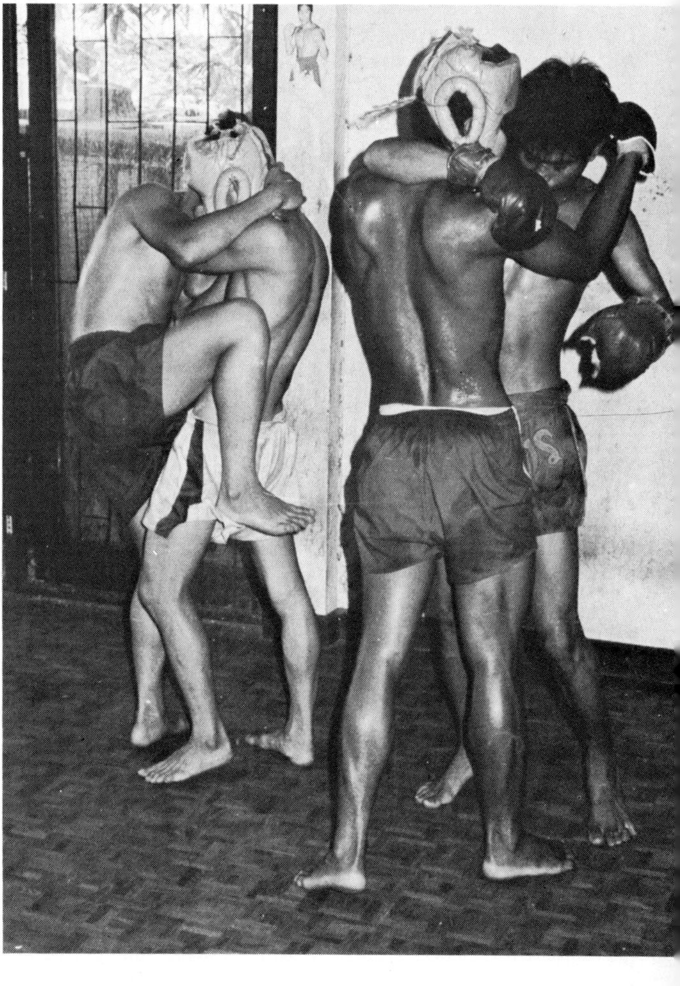

Abb. 203

Das freie Sparring

Im freien Sparring (Abb. 204) ist die Anwendung aller Techniken, mit Ausnahme der Ellenbogenstöße (auf die aufgrund der Gefahr von Verletzungen verzichtet wird) erlaubt.
Das Sparring ist nicht zum Beweisen einer Überlegenheit über den Gegner gedacht, sondern bezweckt, mit dem Partner in der Kampfübung **zusammenzuarbeiten**. Mit dem Partner muß man **vertrauensvoll** zusammenarbeiten, um alle jene Elemente auszuschließen, die einen gemeinsamen Fortschritt behindern könnten. Die bezogenen Schläge sowie die Mißerfolge müssen sportlich eingesteckt werden. Während des Sparrings müssen wir unbedingt locker sein, um mit maximaler Geschwindigkeit reagieren zu können. Alle vorher erlernten Kombinationen sollen jetzt in der Praxis verwirklicht werden. Das Sparring dauert mindestens fünf Runden, wobei es in der Zeit vor Wettkämpfen nicht selten ist, daß die Boxer sogar fünfzehn Runden tätig sind.
Im Sparring soll auch **Geduld** anerzogen werden. Man darf nicht angreifen, bevor der Abstand nicht genau stimmt und man sicher ist, daß der Gegner getroffen wird. Beim Sparring werden auch verschiedene Täuschungen angewendet, um den Gegner herauszufordern, seine Deckung aufzugeben. Damit der Gegner an unsere „Absichten" glaubt, müssen unsere Täuschungen vor allem überzeugend sein.
Hier werden einige Beispiele gegeben: Man täuscht einen Faustschlag zum Kopf an, während ein tiefer, gedrehter Fußtritt ausgeführt wird, oder es wird ein Fußtritt zum Körper angetäuscht und eine Gerade zum Kopf ausgeteilt usw.
Auf die gleiche Weise werden auch angetäuschte Angriffe eingesetzt, wobei der Gegner mit einer Technik irregeführt und mit der anderen getroffen wird. Ein angetäuschter Angriff wird nur mit halber Energie ausgeführt. Unsere Aufmerksamkeit gilt daher vor allem dessen Überzeugungskraft. Wir greifen den Gegner z.B. mit einem tiefen Drehtritt an, und (nachdem der Gegner ihn mit dem Schienbein abgewehrt hat) versetzen wir sofort unseren nachfolgenden Tritt auf sein Standbein. Dies muß selbstverständlich **vor** einem Gegenangriff des Kontrahenten stattfinden. Außerdem sollten wir uns bemühen, z.B. durch angetäuschtes Zurückziehen und einen anschließenden schnellen Gegenangriff den Rhythmus des Gegners zu stören. Auf diesem ganzen Gebiet muß ständig experimentiert und Erfahrung gesammelt werden, da sich hier eine Unzahl verschiedener Möglichkeiten bietet.
Nicht nur, daß wir durch ein regelmäßiges Sparring die technische Seite unserer Kampfkraft vervollkommnen, sondern **wir stärken auch unser Selbstvertrauen**, was ein wesentlicher Faktor im echten Kampf ist.
Nach dem Sparring müssen wir aufmerksam die Empfehlungen des Trainers anhören und bestrebt sein, die begangenen Fehler nicht zu wiederholen. Danach folgen eine kurze Ruhepause und das Krafttraining.
Die Kraftübungen sind fast die gleichen, wie in anderen Kampfsportarten, so daß sie nicht besonders besprochen werden. Es werden, kurz gesagt, verschiedene Bauchmuskelübungen, einige Arten von Liegestützen und zum

Abb. 204
– Freies Sparring

Schluß verschiedene Hantelübungen gemacht. Es gibt eine besondere Art von leichten Hanteln, die in eine Faust passen und mit denen das Schattenboxen trainiert werden kann. Obwohl die Kraftübungen weniger interessant sind, und am Ende des Trainings gemacht werden, wo schon alle erschöpft sind, dürfen sie jedoch nicht vernachläßigt werden, da das Ergebnis eines Wettkampfes oft von der Schlag- bzw. Trittkraft und der Kraftausdauer abhängt. Technisch gut, aber physisch unzulänglich vorbereitet, wird der Kämpfer bereits in den ersten Runden seine Energie erschöpfen und eine leichte Beute für den konditionell gut vorbereiteten Gegner sein. Auch zu Verletzungen kommt es meistens aufgrund schlechter körperlicher Vorbereitung der Kämpfer, was aber in Thailand selten ist, weshalb die thailändischen Boxer viel seltener verletzt werden, als dies zu erwarten wäre.
In der Literatur über östliche Kampfkünste wird oft die sogenannte „Innere Energie" (auf japanisch „Ki", auf chinesisch „Chi") erwähnt. Viele Bücher schildern die unglaublichen Heldentaten der alten Meister, die sich die Fähigkeit angeeignet haben sollen, sich dieser „Inneren Energie" zu bedienen. Der Bruch von etwa zehn Ziegelsteinen nur mit dem Druck der Handfläche oder das Töten des Gegners nur durch Berührung sind Beispiele aus solchen Legenden. Einige heute lebende Meister behaupten, daß auch sie selbst solche Fähigkeiten besitzen, wobei Vorführungen der sogenannten „Inneren Energie" oft auf Fakirkünste oder sogar auf Täuschung zurückzuführen sind. Der Autor dieses Buches hat selbst solchen Vorführungen beigewohnt!

Die echte „Innere Energie" kann man sich durch kein Buch aneignen. Jeder muß sie selbst in sich ausfindig machen. „Innere Energie" erwirbt man durch anstrengendes Training. Sie offenbart sich als Fähigkeit, in besonders kritischen Momenten zusätzliche Anstrengungen aushalten zu können, in schwierigsten Situationen den Mut nicht zu verlieren und immer gesammelt und konzentriert zu sein, indem wir unser gesamtes Leistungspotential und alle unsere Fähigkeiten nutzen.

Abb. 205: Der Tempel Wat Benjaboppit

Kampfempfehlungen

Eines Abends vor dem Stadion Rachadamneon in Bangkok habe ich den Trainer Dentroni Muangsurin mit einigen befreundeten Trainern aus verschiedenen thailändischen Boxschulen getroffen. Es wurde mir die Gelegenheit geboten, ein sehr interessantes Gespräch zu führen, woraus ich später nach meiner Erinnerung Notizen machte. Hier werden einige der Kampfempfehlungen, die ich bekommen habe, aufgezählt:

1. Immer den Gegner direkt ansehen.
2. Den Mund fest zugemacht halten.
3. Immer entspannt sein, mit Ausnahme der Momente, in denen wir einen Schlag bzw. Tritt versetzen.
4. Nie dem Kontrahenten den Rücken zudrehen.
5. Nie in einem Kampf eine Technik versuchen, die nicht genügend beim Training eingeübt wurde.
6. Nie seine Aufmerksamkeit **nur** auf den Angriff beziehungsweise **nur** auf die Abwehr konzentrieren.
7. Während des Angriffs immer auf die eigene Sicherheit achten.
8. Wenn der Gegner groß ist, soll ihm der Nahkampf aufgedrängt werden, während wir gegen kleine Gegner mit Abstand kämpfen.,
9. Nie dem Gegner unsere Gefühle, wie Schmerz, Angst oder Wut zeigen.
10. Nie den Gegner die Zeichen unserer Schwäche und Erschöpfung merken lassen.
11. Sich die Wirkung der versuchten Techniken merken und auf diese Weise die empfindlichsten Stellen des Gegners entdecken.
12. Ein schwächerer Schlag, der getroffen hat, ist besser, als ein härterer, der fehlschlug.
13. Die schnellsten Schläge aus einer größeren Entfernung und die härtesten aus der Nähe anwenden.

14. Nie die Gelegenheit zu einem erfolgreichen Angriff verpassen. Die verpaßte Gelegenheit wird sich vielleicht nie mehr ergeben.

15. Unsere Energie nicht nutzlos verschwenden, da diese vielleicht noch zum Beenden des Wettkampfes benötigt wird.

16. Nie einen Gegner unterschätzen. Das Gefühl der Überlegenheit darf nicht die Oberhand gewinnen. — **Jeder** Gegner ist gefährlich, wobei man aber dessen eingedenk sein soll, daß auch jeder, ungeachtet seines Rufs, besiegt werden kann.

17. Für einen echten Kämpfer ist auch eine Niederlage ein halber Sieg, weil er daraus Lehren zieht, und seine Bemühungen beim Training verdoppelt.

Abb. 206
Links: Der Promoter Sa Non und der thailändische Champion im Federgewicht, Samaransak Muangsurin. Das Photo wurde bei der Pressekonferenz (anläßlich eines bevorstehenden Wettkampfes, in dem Samaransak den Titel erfolgreich verteidigt hat) aufgenommen.

Abb. 207
Ein gemeinsames Gruppenphoto vor Trainingsanfang.

Abb. 208
In der ersten Reihe der Trainer Chu Muangsurin. Neben dem Autor dieses Buches steht Pasaian Muangsurin, einer der zehn Besten in Thailand im Mittelgewicht.

Das Thai-Boxen in der Welt

Bis vor einigen Jahren war das Thai-Boxen als Sport in der Welt verhältnismäßig unbekannt. Eine der Ursachen dafür ist in der Überflutung mit billigen Filmen aus Hongkong und in der aggressiven Werbung zahlreicher „Lehrer" aus dem Osten, die nach USA und Europa strömten zu suchen, wobei sie „hohe Gürtel" vorgeben und „geheimnisvolle Schläge" ohne zu schwitzen, (aber gegen hohes Entgelt!) versprachen. Trotzdem hat das Thai-Boxen langsam das Publikum in der ganzen Welt erobert. Zunächst wurde es im Jahre 1964 in Japan angenommen. Dort hat es schnell unter dem Namen „Kickboxing" (dank dem Fernsehen) eine größere Popularität erreicht, als Karate je genossen hatte. Besonders interessant waren die Begegnungen der Thailänder und der japanischen Kickboxer. Zu Anfang mußten die Japaner von ihren Überseenachbarn viel lernen, nach einigen Jahren jedoch, wurden sie zu den Thailändern ebenbürtigen Konkurrenten. So hat am 20.8.1972 der japanische Kickboxer Mitsuo Shima aus der Meyiro-Schule in Tokio einen thailändischen Champion nach Punkten geschlagen. Er war der erste Ausländer, der einen thailändischen Spitzenboxer (und zwar in Bangkok) besiegt hat. Danach haben noch einige japanische Kickboxer große Erfolge erzielt und wie z.B. Okao, Yamazato, Shiba, Fujiwara und andere Titel errungen.

In den USA hat sich das Kickboxing in den siebziger Jahren durchgesetzt. Bald danach ist es im Wettstreit mit dem sogenannten Vollkontakt, einem in gewissem Maße ähnlichen Sport (den der koreanische Meister Jon Ri bekannt gemacht hat) getreten. Der Amerikaner Raymond Edler, der einige Zeit in Bangkok gelebt hatte, war der einzige Ausländer, der sich bis in die Rangliste der zehn Besten durchschlug, als er in Thailand kämpfte. Er hat den fünften Platz im Mittelgewicht belegt und später auch in Japan, wo er den Championtitel errungen hat, gekämpft. Dave Qualheim hat in Chiang Mai, einer Stadt im Norden Thailands, trainiert, wo er einige der besten Boxer aus dieser Provinz geschlagen hat. Benny Urquidez (ein Vollkontakt-Champion der mexikanischer Herkunft ist) hat einige bedeutende Erfolge in Begegnungen mit japanischen Kickboxern erzielt, obwohl die Wettkämpfe nach etwas geänderten Kampfregeln abgehalten wurden. Mit einem der zehn Besten in Thailand, Narongnoy Griabundtit, hat er unentschieden gekämpft.

Im September 1983 hat noch ein amerikanischer Vollkontaktkämpfer sein Glück in Bangkok probiert. Don Wilson begegnete dem Champion Thailands, Samaad Prasamit aus der Provinz Chonchen. Der Wettkampf ging über die vollen fünf Runden, obwohl der neun Kilogramm schwerere Wilson im Laufe des Wettkampfes vom Kampfrichter zweimal bis acht angezählt wurde. Der Sieg nach Punkten ist dem tapferen Prasamit zugefallen, und Don Wilson hat den Journalisten erklärt, daß er Thai-Boxen zu lernen beginnen wird.

Nach seiner Annahme in den USA hat sich das Thai-Boxen auch in Europa durchgesetzt. Heute bestehen Clubs in Holland, England, Frankreich und in Deutschland. Die bedeutendsten sind zur Zeit die Kickboxing-Clubs aus Holland: Meyiro und Chakuriki, sowie Yamatsuki aus Frankreich.
Einige Europäer haben angefangen, auch in Thailand aufzutreten. In Bangkok hat sich mir die Gelegenheit geboten, den dunklen Engländer Rony Green zu beobachten, der einige bedeutsamen Siege errungen hat und der im Ort Udon Thani im Norden Thailands lebt und trainiert.
Am 17. April 1983 wurde in Holland eine der ersten (guten) Kickboxing-Veranstaltungen in Europa abgehalten. In Jaap Edenhal sind vor knapp 5000 Zuschauern einige der europäischen Spitzenkickboxer aufgetreten, wobei ihre Gegner in den Hauptkämpfen thailändische Boxer waren. Obwohl sie keine thailändischen Champions waren (wie angekündigt wurde), haben sie doch gezeigt, daß die Europäer noch viel zu lernen haben. Die Besucher waren von den dargebotenen Kämpfen begeistert.
Das Thai-Boxen als Sport erwirbt langsam sein Publikum. Inzwischen sind auch echte thailändischen Champions in Europa zu sehen gewesen. Es wird allem Anschein nach noch lange dauern, bis man die Vormachtstellung der Thailänder brechen kann, die zu Recht sehr stolz auf ihre Kampfsportart sind.

Abb. 209
Der Autor während eines Trainings in der Muang-Surin-Schule.

Abb. 210
Ein gemeinsames Photo mit dem Trainer Dentroni Sensak Muangsurin.

Abb. 211/212
Szene aus dem Stadion Rachadameon.

Auszüge aus einem alten Manuskript über Thai-Boxen:

Spitzenboxer sind rar wie Diamanten. Ihre Kanten werden durch die Trainingsjahre abgeschliffen. Ihre Techniken werden ebenso bis zur Vollkommenheit geschliffen, wie die Oberfläche eines strahlenden Diamanten — großartig in ihrer Schönheit und unübertroffen in ihrer Härte.

Abb. 213/214
Die thailändischen Champions der letzten Saison:

Disennoi Soworokunchai, Samarad Paiakulan, Chamua Pet Hapalan, Palannoi Kietanan, Paracha Lek Sitchunton, Rangsak Pontovi, Sensakda Kitigasen, Kontoroni Pajakalun, Jamhod Luxamlon.

Kiti Soatanikun, Rakchai Nipovitandi, Kumpulnoi Taetai, Lenerong Tailunle-on, Insinoi Soatnikun, Lensaknoi Lousunkam, Lankun Kitlekai, Kautsot Sitpa-pom, Paianoi Soatatseni, Nompon Chumuntong.

... für den, der selbst trainieren will

Am Ende möchte ich jedem, dessen Interesse durch dieses Buch angeregt wurde, und der selbstständig das Thai-Boxen zu trainieren beginnt, empfehlen, ein Traingstagebuch zu führen, worin die Dauer der einzelnen Trainingseinheiten, wie Aufwärmen, Laufen, Sandsack- und Schlagpolsterübungen, Sparrings, Kraftübungen usw. eingetragen werden.
Es sollten auch die Techniken notiert werden, bei deren Ausführung Schwierigkeiten aufgetreten sind, damit man darüber nachher in aller Ruhe nachdenken und ihnen etwas mehr Zeit und Aufmerksamkeit widmen kann. Mit der Zeit wird durch Training ein gewisser Fortschritt, abhängig von den eingesetzten Bemühungen wahrnehmbar sein. Wenn regelmäßig und gewissenhaft trainiert wird, werden wir feststellen, daß wir mehr Runden, sowohl am Sandsack und an den Schlagpolstern als auch im Sparring aushalten können und daß eine höhere Anzahl Kraftübungen von uns gemacht werden kann. Die nachstehende Tabelle könnte als ein Beispiel für die „Trainingsbuchführung" genommen werden. Viel Erfolg beim Üben!

	Norm	1. Tag	2. Tag	3. Tag	4. Tag usw.
Aufwärmen	10 Min.				
Laufen	6-10 km.				
Schattenboxen	3 - 5 Rund.				
Schlagpolsterarbeit	3- 5 Rund.				
Sandsackarbeit	5-10 Rund.				
Sparring	5-10 Rund.				
Kraftübungen	30 Min.				
Bemerkungen					

Abb. 215 Das Inne
des Tempels Benja
boppit.